AF545571

KATRIN GROß

RAUS MIT DER SPRACHE
SPRACH FÖRDERUNG FÜR KINDER

Wie Sie die Sprachentwicklung
von Ihrem Kind optimal fördern,
damit es Kindergarten
& Schule perfekt meistert
(inkl. Logopädie Übungen und Sprachspiele)

INHALT

Einleitung

Unsere Sprache stellt wohl einen der wichtigsten Bestandteile unseres gesellschaftlichen Zusammenlebens dar und bildet die Grundlage fast jeder Interaktion. Sie ermöglicht es uns, unsere Bedürfnisse und Gefühle auszudrücken und mit unserem Umfeld in Kontakt zu treten. Wohl alle Eltern verfallen in Begeisterung, wenn ihr kleiner Schützling lernt, mit ihnen zu sprechen. Die Zeiten der bloßen Laute und Silben sind vorbei, „Mama" und „Papa" gehören schon fest zum Wortschatz und langsam bilden sich immer längere, zusammenhängende Sätze. Ein wundervolles Gefühl, wenn man immer deutlicher mit seinem Kind kommunizieren kann und nicht mehr intuitiv herausfinden muss, was es einem wohl gerade mitteilen möchte. Wir Eltern dürfen nun in regelmäßigen Abständen die Fortschritte in den Phasen beobachten, die das Kind durchläuft; ehe Sie sich versehen, lernt es schon das Lesen und Schreiben, führt umfassende Gespräche mit Ihnen und nimmt auch immer mehr Fremdwörter in seinen Wortschatz auf.

Vielen Kindern fällt es leicht, ihre Muttersprache oder vielleicht auch noch eine zusätzliche Sprache von klein auf zu erlernen. Dennoch gibt es unter der Gesamtheit der Kinder jährlich einen Anteil von ca. 8-12 %, die dabei unter Problemen leiden und vielfältige Störungen im Hinblick auf die Sprache entwickeln. Nun schrillen die Alarmglocken – wird mein Kind nicht richtig sprechen lernen können? Wird es vielleicht sogar ausgegrenzt, wenn dieser Fall eintrifft? Was kann man tun, um das zu verhindern?

Ich kann Sie dahingehend zunächst beruhigen: Spracherwerbsstörungen sind definitiv ernst zu nehmen, aber sie sind keine schlimme Krankheit, die mit Spätfolgen verbunden sein muss. In den meisten Fällen sind Spracherwerbsstörungen nämlich mit einer gezielten Sprachförderung zu bewältigen oder durch eine Therapie behandelbar, wenn sie doch einmal gravierender ausfallen; dies ist allerdings nur sehr selten der Fall. Seien Sie also unbesorgt – Ihr Kind wird lernen, richtig zu sprechen. Dieser Ratgeber informiert Sie zunächst darüber, woran sich ein gestörter Spracherwerb erkennen lässt und was Sie tun können, um dem entgegenzusteuern und es möglichst zu verhindern, dass Ihr Kind eine solche Störung entwickelt. Doch auch, wenn der Fall schon eingetreten sein sollte, ist dieses Buch genau das Richtige für Sie: Sie als Eltern sind durchaus dazu in der Lage, Ihrem Kind zu helfen, denn es bedarf nicht immer eines Fachmannes, sondern in diesem Falle einer aufmerksamen und bemühten Bezugsperson. Sie werden in diesem Buch umfassend darüber aufgeklärt werden, wie die einzelnen Spracherwerbsstörungen zustande kommen könnten und welche Möglichkeiten Ihnen zur Verfügung stehen, diese Hürde gemeinsam mit Ihrem Kind zu meistern. Im Anschluss erhalten Sie über 70 praktische Übungen, die Sie spielerisch in Ihren Alltag einbinden können, um Ihr Kind zusätzlich und nachhaltig zu fördern.

Kapitel I - Grundlagenwissen

Bevor wir uns mit der Sprachförderung befassen, ist es zunächst wichtig, einen Blick auf die Grundlagen der Sprachentwicklung sowie die Wurzel darin verankerter Probleme, also die verschiedenen Störungen und ihre Ursachen, zu werfen.

BEDEUTUNG DER SPRACHLICHEN ENTWICKLUNG

Warum haben Sprachentwicklungsstörungen weitreichende Folgen?

Wie zuvor bereits erwähnt, ist die Sprache das vorrangige Mittel für die Interaktion mit unserem Umfeld. Das betrifft Menschen allen Alters gleichermaßen. Bei Kindern nimmt sie aber darüber hinaus noch einen höheren Stellenwert ein, da an das Erlernen der Sprache andere wichtige Schritte in ihrer geistigen Entwicklung geknüpft sind. In diesem Zusammenhang denken die meisten wahrscheinlich bereits an die spätere Schulzeit, wenn es daran geht, Lesen und Schreiben zu lernen und damit dann später optimale Lernerfolge erzielen zu können. Doch auch lange vor dem Beginn der Schulzeit stellt die sprachliche Entwicklung einen enormen Stellenwert im Leben eines jeden Kindes dar. Sie ermöglicht ihm nämlich, ...

• **seine Gefühle auszudrücken und zu verarbeiten**. Bisher war es ihm nur möglich, sich durch diverse Laute sowie seine Gestik und Mimik bemerkbar zu machen, wenn es etwas mitzuteilen hatte. Auch wenn Sie sich als Elternteil immer bemüht haben, bestmöglich auf die Bedürfnisse Ihres Schützlings einzugehen, so ist es so gut wie unmöglich, dass Sie auf wirklich jede Emotion und jedes Problem so eingehen konnten, wie Ihr Kind sich das gewünscht hätte. Dadurch hat sich während dieser Zeit so einiges an Frustration in ihm aufgebaut, die es nur äußerst schlecht verarbeiten konnte. Bald ist Ihr Kind in der Lage immer mehr auszudrücken und Ihnen endlich direkt zu sagen, was es stört oder benötigt, damit Sie ihm helfen können. Es wird ausgeglichener und lernt, mit seinen Gefühlen umzugehen.

• **seine Umwelt zu erkunden.** Jedes Kind ist von Natur aus höchst neugierig und würde am liebsten den ganzen Tag lang alles um sich herum erkunden. Nun weiß es endlich, dass die grünen Halme am Boden, die sich so schön im Wind bewegen,

„Gras“ heißen. Es lernt, was eine Schaukel und ein Sandkasten ist.

Wenngleich Ihr Kind diese Dinge vorher schon kannte und bereits unzählige Male mit ihnen in Berührung gekommen ist, so ist es nun, als würde es diese noch einmal völlig neu kennenlernen – jetzt, wo es erfährt, dass die Dinge verschiedene Namen haben. Es wird sich alles aneignen wollen, um sich immer besser in seinem Umfeld zurechtfinden zu können.

• **mit anderen Menschen zu kommunizieren.** Dies hängt mit dem ersten Punkt, dem Ausdrücken der Gefühle, zusammen, geht aber noch darüber hinaus. Ihr Kind ist durch seine Sprache dazu in der Lage, nicht nur über die bedeutenden Aspekte in seinem Leben (Grundbedürfnisse, Schmerzen, Wut, ...) zu sprechen, sondern auch leichte und unbeschwerte Gespräche zu führen. Es möchte Ihnen am liebsten alles mitteilen: Wie es sich freut, im Sand zu spielen, und was es da gerade baut, welche Speisen es mag oder auch nicht, was für Tiere es gerade toll findet usw.

Durch diese Gespräche kann es leicht mit den verschiedensten Menschen in seiner Umgebung in Kontakt treten, sie sicherlich durch seine Erzählungen zum Lachen bringen und ihnen eine Freude bereiten. Das gibt ihm wiederum ein positives Feedback und ermuntert es weiter, sich mit anderen zu unterhalten und soziale Beziehungen sowohl aufzubauen als auch zu festigen.

• **sich in das soziale Gefüge einzuordnen**. Kinder werden in ihrem Leben mit einer Vielzahl an sozialen Strukturen konfrontiert – oft auch am selben Tag: Morgens befinden sie sich in ihrer Familie, bevor es danach in die Kita geht. Nachmittags steht vielleicht noch eine Spielgruppe mit den liebsten Freunden an, bei der die Kinder dann zwar unter der Beobachtung der Eltern stehen, aber ansonsten als Gleichaltrige größtenteils frei miteinander umgehen können. All dies stellt verschiedene Anforderungen an ein Kind. Ohne unsere Sprache wäre es wohl kaum möglich, die vorgesehenen Verhaltensregeln klar abzugrenzen. Das Kind lernt so wichtige Grundsätze des Zusammenlebens wie Respekt (sowohl Erwachsenen als auch den anderen Kindern gegenüber), Freundlichkeit, Teilen und vieles mehr. Ihm kann dadurch auch schnell und unkompliziert aufgezeigt werden, wenn es einmal über die Stränge geschlagen und sich falsch verhalten hat. Im Anschluss kann ihm dann gleich aufgezeigt werden, wie es richtig ist, und es kann sich entschuldigen.

Je weiter seine sprachliche Kompetenz voranschreitet, desto mehr begünstigt sie weitere geistige Entwicklungsschritte. Erst durch eine gefestigte Sprache entwickelt sich ein bestimmtes Verständnis für die Welt. Wie eben bereits erwähnt, verinnerlicht Ihr Kind dadurch grundlegende Regeln und Gesetze, es erlangt ein Gespür für richtig und falsch. Das Kind kann sich also eine Vorstellung von bestimmten Dingen und Handlungen machen und auch davon, was für Folgen diese eventuell für es selbst haben könnten.

Mit der fortschreitenden Entwicklung seiner Sprache wird auch das Gedächtnis des Kindes gefördert und es ist dazu in der Lage, Dinge klarer im Kopf zu behalten. Schließlich ist es viel einfacher, sich daran zu erinnern, dass man am Vortag einen süßen „Apfel“ gegessen hat, als wenn man nur noch wüsste, dass man in etwas Rotes gebissen hat. Immerhin gibt es noch mehr rote Früchte, die süß schmecken. Das Kind lernt den Namen, den Geschmack und das Aussehen miteinander zu verknüpfen und weiß immer, was mit „Apfel“ gemeint ist. Es lernt also, Dinge unmissverständlich zuzuordnen und auch voneinander zu unterscheiden.

Außerdem kann es nun auch Angaben zu Zeit und Raum einordnen und Mengenbegriffe verstehen. Sogar abstrakte Begriffe, die sich nicht einfach erklären lassen (Liebe, Glück etc.), schrecken das Kind nicht ab – es möchte alles verstehen können und im Verlauf seines Lebens seine eigene, ganz persönliche Definition zu diesen Begriffen ergänzen.

Dementsprechend können Sie sich vorstellen, warum ein gestörter Spracherwerb nicht gerade ein kleines Problem darstellt, das man einfach in den Hintergrund schieben kann oder sich mit der Zeit von allein lösen wird. Wenn Sie also bemerken, dass Ihr Kind in dieser Hinsicht Schwierigkeiten hat, dann nehmen Sie das sehr ernst und helfen Sie ihm, diese zu überwinden – schließlich behindern sie sonst seine ganze weitere Entwicklung und schränkt es in seiner Lebensfreude ein.

Aber wie lernen Kinder eigentlich das Sprechen, mal ganz abgesehen von den möglichen Problemen, die in dem Zusammenhang auftreten können?

WIE KINDER SPRECHEN LERNEN

Kinder lernen richtiges Sprechen nur im Kontakt mit anderen Menschen.

Dieser wichtige Grundsatz bedeutet auch, dass der Fortschritt der Kinder davon abhängt, wie genau dieses Miteinander gestaltet ist. Vergleichen wir einmal:

Familie A ist sehr vermögend und setzt alles daran, ihr Kind von Beginn an an einen hohen Bildungsstandard heranzuführen. Das Kind verfügt über all das Lernspielzeug, über Lernbücher und vieles mehr, was es sich nur wünschen kann. Die Eltern jedoch sind beruflich stark beschäftigt und oft abwesend, weswegen sich regelmäßig wechselndes Personal um das Kind kümmert. Diese Aufgabe erfüllt es auch sehr liebevoll und sorgfältig, aber dennoch fällt es dem Sprössling schwer, eine Bezugsperson zu finden, da niemand eine wirkliche Konstante in seinem Leben darstellt. Das Personal kann also noch so viele Geschichten vorlesen oder Sprachübungen mit ihm absolvieren – das Kind wird durch die fehlende Bezugsperson automatisch zu wenig Geborgenheit und Vertrautheit erfahren, was oft mit sprachlichen Defiziten verbunden sein kann.

Familie B hingegen lebt in finanziell schwierigen Verhältnissen und kann daher ihrem Kind nicht allzu viel kaufen, um seinen Lernfortschritt und seine Entwicklung zusätzlich zu unterstützen. Vielleicht fühlt sich die Familie auch schlecht, weil sie ständig dem Vergleich mit anderen Familien ausgesetzt ist und sieht, was andere Kinder alles zur Verfügung haben. Trotzdem nehmen sich die Eltern sehr viel Zeit für ihr Kind, bauen eine starke Bindung zu ihm auf und geben ihm genügend sprachliche Anregung – wenn es auch zunächst immer nur dieselben 15 Geschichten aus dem Bilderbuch sind, das sich schon seit mehreren Generationen im Familienbesitz befindet. Dennoch hat das Kind beste Voraussetzungen, seine Muttersprache ohne Schwierigkeiten zu erlernen.

Wir halten also fest: Es gibt nicht den einen, einzig richtigen Weg, wie man Kindern am besten ihre Sprache beibringt. Die Anzahl an lernförderndem Spielzeug oder Büchern ist nicht so wichtig – was dafür umso bedeutender ist, ist die Nähe zu Ihrem Kind als seine Bezugsperson. Geben Sie ihm Zuwendung und Liebe und es wird, zusammen mit genügend sprachlichen Anreizen, die optimale Voraussetzung dafür haben, die Sprache zu meistern.

Abgesehen vom Aspekt des elterlichen Einflusses, lernen Kinder am besten spielerisch. Bevor sie in der Lage sind, ihr Umfeld durch ihre Sprache zu begreifen, versuchen sie dies durch die bloße Nachahmung. Sie sehen, wie Mama oder Papa jeden Tag mit dem Auto zur Arbeit fährt, und fahren deshalb zu gern mit ihrem Spielzeugauto über die Straßen, die sie sich in ihrer Fantasie ausmalen. Mit Vorliebe nehmen sie ein paar Puppen oder Spielfiguren zu Hilfe und spielen „Mutter, Vater, Kind“ – dadurch verarbeiten sie ihren Familienalltag. Die Spiele selbst wachsen sozusagen mit den Kindern mit und werden mit zunehmendem Alter immer komplexer; es kommen neue Regeln oder Strukturen hinzu, die es erst zu verstehen gilt.

Aber auch die generelle Kommunikation des Kindes mit seinen Bezugspersonen kann als Spiel verstanden werden, das komplett ohne zusätzliche Gegenstände oder Regeln auskommt. Kinder merken nämlich genau, dass Erwachsene sich untereinander völlig anders unterhalten, als sie es mit ihnen tun, indem die Stimme automatisch höher wird, bestimmte Wörter verniedlicht werden und auch die angewandte Gestik und Mimik verstärkt wird, um der Sprache zusätzlichen Inhalt zu verleihen. Dies kann sowohl automatisch als auch völlig bewusst passieren, aber so oder so besitzt diese Verhaltensweise gewisse Vorteile: Die Kinder können dadurch die Reize leichter verarbeiten und zuordnen und bekommen so schneller ein Gefühl für bestimmte Worte und Aktivitäten, die mit Freude verknüpft sind. Dies erleichtert ihnen den Einstieg in ihre Muttersprache.

Die Betonung liegt allerdings auf Einstieg – so verlockend es auch sein kann, mit einem niedlichen Kind in einer entsprechenden Art und Weise zu sprechen, so sollte dies nicht zu einem Dauerzustand werden. Ihr Kind sehnt sich nämlich mit zunehmendem Alter danach, ein gleichrangiges Mitglied im Familien- und Gesellschaftsgefüge zu werden und demnach auch so mit Ihnen zu sprechen, wie es andere, ältere Menschen tun. Wird das Kind weiter verniedlicht, so fühlt es sich mit der Zeit nicht richtig ernst genommen, was wiederum für Frustrationen sorgt.

Die folgende chronologische Auflistung kann Ihnen dabei helfen, ein Gespür dafür zu bekommen, in welchem Alter mit welchen Fortschritten zu rechnen ist:

Genereller Ablauf der Sprachentwicklung

• **0-2 Monate**: Das Baby unterscheidet Geräusche von Klängen, es erkennt die vertrauten Stimmen der Eltern und kann dadurch beruhigt werden. Selbst gibt es bisher nur reflexartiges Schreien und Schmatzlaute von sich.

• **2-4 Monate**: Nun befindet es sich in der sogenannten „1. Lallperiode“ und gibt Kehllaute von sich. Es brummt, gluckst oder gurgelt.

• **4-10 Monate**: Dies ist die „2. Lallperiode“, es kann nun schon mit gezielten Lauten antworten. Das Kind lacht, kichert oder quietscht.

• **10-12 Monate**: Mit dem Ende seines ersten Lebensjahres ist das Kind nun schon ein kleiner Meister im Lallen. Auch die ersten Silben reiht es fröhlich aneinander, wie das allseits bekannte „mamama“, das wohl bei jeder Mutter strahlende Augen hervorruft. Das Kind wird sich seiner eigenen Stimme immer mehr bewusst und testet verschiedene Tonhöhen, Lautstärken oder Klänge aus. Außerdem versteht es mittlerweile die Namen seiner Bezugspersonen oder auch bestimmter Dinge, beispielsweise den seines Lieblingsplüschtieres, sofern dieses einen hat.

• **12-18 Monate**: Kleinkinder verfügen in diesem Alter über einen festen Wortschatz von etwa 5-20 Wörtern, verstehen aber schon weitaus mehr. Sie können Einwortsätze bilden und schon langsam ausdrücken, was sie benötigen. Die Kleinen sind oft fasziniert von verschiedenen Melodien und versuchen, bei diesen mitzusingen oder zu summen.

• **18-24 Monate**: Zwei- bis Dreiwortsätze sind nun möglich, dabei nutzt es vorrangig Substantive (Hauptwörter). Die Vokale kann es gezielt und problemlos bilden, nur bei den Konsonanten wird es teilweise noch holprig. Möglich sind aber bereits: „b“, „d“, „m“, „n“, „p“ und „t“. Der aktive Wortschatz hat sich erweitert und fasst nun zwischen 20 und 50 Wörter, aber auch hier gilt wieder, dass die Kinder deutlich mehr verstehen, als sie sprechen können. Außerdem sind sie schon in der Lage, bestimmte Eigenschaften sinnvoll zuzuordnen: „der liebe Hund“, „meine traurige Freundin“, „die gelbe Blume“ usw.

• **2-3 Jahre**: Nun kommt langsam die Grammatik ins Spiel, die das Kind stetig ausbaut. In seinen Sätzen kommen nun auch immer öfter Verben und Adjektive vor. Auch die schwierigeren, noch fehlenden Konsonanten (z. B. „f“, „h“, „k“, „l“, „v“) sollte es nun beherrschen. Seine Neugier äußert es häufig und gern durch die W-Fragen: „Wer?“, „Wo?“, „Wie?“, „Warum?“, „Wohin?“. Sein Wortschatz besteht nun aus ca. 200-300 Wörtern.

• **3-4 Jahre**: In diesem Zeitraum zeigen Kinder rasante Entwicklungssprünge: Ihr Wortschatz wächst rapide an, teilweise lernen sie sogar mehrere neue Wörter an einem Tag. Es kann sich nun schon in der „Ich-Form“ ausdrücken (auch, wenn die Aussprache noch nicht unbedingt perfekt ist) und verwendet eigene Wortkreationen. Auch komplexere Lautkombinationen aus mehreren Konsonanten („kn“, „gr“, „tr“) kann es immer besser aussprechen.

• **4-5 Jahre**: Nun beherrscht das Kind alle Laute sicher, auch die sogenannten Zischlaute wie „ch“ und „sch“. Es verwendet Nebensätze und auch Präpositionen kommen in seinen Sätzen vor.

- **5-6 Jahre**: Spätestens jetzt sollte die komplette Lautbildung abgeschlossen sein. Sowohl Haupt- als auch Nebensätze werden richtig gebildet und das Kind ist bereits relativ sicher im Umgang mit verschiedenen Formen der Grammatik wie Singular und Plural, Aktiv und Passiv, Zeitformen usw.

Im Alter von 6 Jahren, also in etwa mit dem Schuleintritt, verfügen Kinder dann in der Regel über einen so großen Wortschatz und gutes Sprachverständnis, dass sie sich fließend und gut verständlich ausdrücken können. In der Schule folgen dann sozusagen der Feinschliff und der weitere Ausbau der bisherigen Fähigkeiten, aber den Großteil lernt das Kind eben schon im Voraus durch die Interaktion mit Ihnen und den anderen Menschen in seinem Umfeld. Schon faszinierend, was so ein kleines Köpfchen in so kurzer Zeit alles bewerkstelligen kann, nicht wahr?!

Exkurs: Pädagogische Psychologie

Betrachten wir das Ganze aus psychologischer Sicht, so gibt es verschiedene Theorien darüber, wie Kinder das Sprechen erlernen. Dies sind die drei Hauptströmungen und ihre jeweiligen Annahmen:

1. **Nativismus**: Die Fähigkeit, Sprachen zu erlernen, ist genetisch veranlagt und gelingt nur aufgrund dieser angeborenen Universalgrammatik. Diese Annahme basiert auf der Sprachtheorie von Noam Chomsky. Laut diesem lässt sich nur so der Umstand erklären, dass Kinder ungefähr im selben Alter dieselben grammatikalischen Regeln lernen – und zwar komplett unabhängig voneinander und unabhängig von ihrem jeweiligen sozialen Umfeld. Diese Regeln leiten sie wiederum aus der gehörten Sprache ihrer Mitmenschen ab und verinnerlichen sie.

2. **Behaviorismus**: Diese Strömung befasst sich generell mit Reizen und den darauffolgenden Reaktionen. In Hinblick auf das Erlernen einer Sprache wäre das dann das Vorsprechen bestimmter Worte durch einen Erwachsenen und das Wiederholen durch das Kind, wodurch diese bei ihm gefestigt werden. Gerade wenn dann auch noch eine Form von positiver Bestätigung, beispielsweise durch Lob und sichtbare Freude oder Stolz dazukommt, ist dies besonders effektiv.

Der einzige Nachteil bzw. die Lücke dieser Theorie: Sie befasst sich zwar mit dem Erlernen der Aussprache und der Erweiterung des Wortschatzes, aber nicht damit, wie Kinder dazu im Stande sind, grammatikalische Regeln zu verinnerlichen und selbstständig sicher anzuwenden.

3. Interaktionismus: Die Hypothesen dieses Ansatzes basieren hauptsächlich auf der Spracherwerbstheorie von Jérôme Bruner, der die Interaktion mit den Mitmenschen als absolut notwendige Grundlage für das Sprechenlernen sieht. Er lehnt zwar die beiden vorangegangenen Theorien (stark vereinfacht also den natürlichen Wachstumsprozess und das Lernen durch Nachahmung) nicht ab, sieht diese aber eher als Ergänzung bzw. als einzelne Teile eines größeren Ganzen und nicht als eigenständige Lernansätze. Laut Bruner erlernen Kinder nur das Sprechen, wenn sie während ihres Wachstums genügend mit Erwachsenen interagieren, die ihnen dann auch zusätzlich die Möglichkeit zum Nachahmen geben. Der Verhaltensforscher Michael Tomasello ergänzte diese Theorie dahingehend, dass er diese benötigten Interaktionen wiederum in zwei Teile unterschied: einerseits geteilte Aufmerksamkeit, andererseits geteilte Intentionalität. Das bedeutet, dass sich die Beteiligten der Interaktion gleichermaßen vollständig auf eine bestimmte Sache oder Handlung konzentrieren und dabei einfühlsam aufeinander eingehen. Wenn Ihr Kind Ihnen etwas zeigen will, beispielsweise einen Schmetterling, dann besitzt dieser Schmetterling in diesem Moment seine ungeteilte Aufmerksamkeit. Ihr Kind kommt damit zu Ihnen, weil es möchte, dass auch Sie Ihre Aufmerksamkeit komplett darauf richten und sich mit ihm darüber unterhalten.

Wenn Sie dann im Gegenzug Ihrem Kind etwas zeigen wollen, beispielsweise wie ein Motorik-Spielzeug funktioniert, dann fordern Sie wiederum die ungeteilte Aufmerksamkeit Ihres Kindes ein. Auch wenn diese manchmal nicht so lange anhält, wie Sie sich das gewünscht hätten, so ist trotzdem eine wichtige Interaktion entstanden – als gleichrangige Partner, die abwechselnd dazu beigetragen haben. Eine andere gute Möglichkeit für eine solche Interaktion wäre auch ein Frage-Antwort-Spiel, bei dem Sie gleichzeitig den Wissensstand Ihres Kindes überprüfen und ihm neue Sachen beibringen können. So helfen Sie ihm besonders, seine Sprachentwicklung zu fördern.

Lassen Sie sich aber nicht sofort davon verunsichern, wenn Sie merken, dass Ihr Kind sich anders entwickelt, als es in der Auflistung oben erwähnt wurde. Es handelt sich bei diesen Entwicklungsschritten eher um grobe Richtwerte und nicht um starre Vorgaben. Es ist völlig normal, dass sich verschiedene Kinder unterschiedlich schnell entwickeln. Erst, wenn sie außergewöhnliche Verzögerungen oder ähnliche Umstände feststellen, die Ihnen Bauchschmerzen bereiten, sollten Sie zusätzliche Hilfe in Anspruch nehmen.

WIE SIE IHREM KIND BESTMÖGLICH UNTER DIE ARME GREIFEN

Selbst wenn unsere Kinder mit dem Erlernen ihrer Muttersprache ein kleines Wunder vollbringen, so kann es trotzdem nicht schaden, sich als Elternteil zusätzlich zu informieren, wie man ihnen am besten dabei helfen kann. Bei den Kleinsten müssen Sie sich zunächst noch keine großartigen Gedanken machen, da Sie sich (Stichwort „Kindersprache" und Verniedlichungen) zunächst automatisch den sprachlichen Anforderungen Ihres Kindes anpassen und es spielerisch an seine neue Sprache heranführen.

Wenn das Kind dann aber im Laufe seiner ersten Lebensjahre immer mehr versteht und auch selbst sprechen will, dann können Sie durchaus bestimmte Ansätze verfolgen, die zusätzlich helfen können – nicht nur bei Kindern mit Sprachproblemen, sondern bei allen. Ein Beispiel dafür wäre das sogenannte Scaffolding, eine Art unterstützende Kommunikation, die sich an dem Modell des Interaktionismus orientiert.

„Scaffolding" bedeutet übersetzt so viel wie „ein Gerüst aufbauen" – und genau darum geht es auch: Eine Art Gerüst, an dem sich die Kinder beim Erlernen ihrer Sprache entlanghangeln können, erleichtert ihnen diesen Prozess. Bei einer Interaktion gibt es dann einen „kompetenten" Partner (dieser sind in dem Falle Sie bzw. generell eine Bezugsperson) und einen „weniger kompetenten", das ist Ihr Kind. Ersterer bestimmt zunächst das Niveau des Gespräches, dieses sollte stets dem Entwicklungsstand des Kindes angepasst werden und sich nur knapp über seinem bisherigen Niveau befinden.

Dadurch wird das Kind dazu motiviert, nach einem immer höheren Level zu streben und immer mehr dazuzulernen, da dieses gehobene Niveau eine gelungene Herausforderung darstellt, die es aber nicht überfordert und mit ein wenig Anstrengung gut zu meistern ist. Je weiter dieses Niveau dann steigt, desto mehr bauen Sie das Gerüst ab. Die Kinder werden immer sattelfester und trauen sich mehr zu, bis sie dann irgendwann komplett sicher im Umgang mit ihrer Muttersprache sind und ohne die zusätzliche Einflussnahme ihrer Eltern auskommen.

Eine gute Möglichkeit, um das Scaffolding anzuwenden, wäre ein korrigierendes Feedback im Gespräch mit Ihrem Kind. Dieses ermöglicht es Ihnen, Ihrem Kind so (durch die Blume und ohne eine negative Wertung) mitzuteilen, dass es einen Fehler gemacht hat, und ihm im selben Moment zu zeigen, wie es richtig ist, damit es das dann verinnerlichen kann. Diese Methode funktioniert bei jedem Fehler – egal, ob grammatikalisch, die Aussprache betreffend oder sonstiges.

Beispiele:

„Mama, ich habe mich gestoßt." – „Wo hast du dich denn gestoßen?"

„Das Teuteu!" – „Das ist ein Feuerzeug. Damit darfst du nicht spielen."

Weitere einfache Möglichkeiten, um die Sprache zu fördern, sind das regelmäßige Vorlesen aus Kinderbüchern, das Erzählen von Geschichten oder auch das Vorsingen von Kinderliedern mit einfachen Melodien, die das Kind dann sogar mit Ihnen zusammen singen kann, wenn es möchte. Auch Sprachspiele sind allseits beliebt – in Kapitel III finden Sie viele Auswahlmöglichkeiten dazu.

GESTÖRTER SPRACHERWERB

Nun wird es Zeit, sich mit dem eigentlichen Grundproblem zu beschäftigen, das mit diesem Ratgeber gelöst werden soll – einer Störung in der kindlichen Sprachentwicklung. Die Probleme können sich sehr vielseitig äußern und auch bei den Ursachen gibt es zahlreiche Möglichkeiten. Die nachfolgenden Punkte sollen Ihnen dabei helfen, die möglichen Störungen zu kategorisieren und sich einen ersten Überblick zu verschaffen.

Die Symptome

Je nach Entwicklungsstand Ihres Kindes kann es schnell vorkommen, dass Sie sich als Elternteil Sorgen darum machen, ob der Fortschritt Ihres Kindes noch im Rahmen liegt. Wir erinnern uns: Kinder lernen unterschiedlich schnell und es kann durchaus normal sein, dass bei manchen Aspekten schnelle Erfolge erzielt werden, während es bei anderen dafür etwas länger dauert. Diese Sensibilität ist auch gut, da sie zeigt, dass Sie bemüht sind, schnellstmöglich einzugreifen und für eine weitergehende Förderung zu sorgen, wenn Ihr Sprössling diese benötigt. Bevor Sie sich aber durch bloße Vermutungen verunsichern lassen, sollten Sie einige deutliche Symptome kennen, die auf eine eventuelle Störung hinweisen und ärztlich untersucht werden sollten:

- Das Kind befindet sich in seinem **1. Lebensjahr**, zeigt aber **keine oder nur wenige Reaktionen auf** diverse **Geräusche** und sucht **keinen Blickkontakt** zu seinen Bezugspersonen. Ein weiteres Anzeichen wäre **plötzliches Verstummen des Kindes**, obwohl es sich schon in seiner Lallphase (zwischen dem 2. und 10. Monat) befindet und eigentlich fröhlich mit seiner Stimme experimentieren sollte.
- Mit **2 Jahren** scheint das Kind Sie immer noch nicht wirklich zu verstehen und spricht sowohl weniger als 50 Worte als auch sehr knapp; es werden ausschließlich **Einwortsätze** verwendet.
- Mit **3 Jahren** sind dem Kind maximal **Zweiwortsätze** zu entlocken und es **versteht** auch **einfache Geschichten** noch **nicht** gut.
- Das Kind kann mit **4 Jahren** noch **keine Inhalte aus Büchern oder Geschichten wiedergeben**, egal, auf welchem Niveau. Zudem **spricht** es **sehr undeutlich** und kann die Grammatik noch nicht korrekt anwenden.
- **Im Schulalter** entwickelt es **Probleme beim Lesen- und Schreibenlernen**.

Diese Symptome sind natürlich eher auf dem krasseren Ende des Spektrums angesiedelt. Teilweise könnten auch viel kleinere Sachen bereits Anzeichen für die Problematik sein, beispielsweise, wenn der sprachliche Lernfortschritt plötzlich stagniert, obwohl bisher alles reibungslos verlief.

In jedem Falle gilt: Wenn Sie Beobachtungen machen, die in Ihnen ein Unwohlsein auslösen, und Sie das Gefühl haben, dass etwas nicht stimmen könnte, dann sprechen Sie mit Ihrem Kinderarzt – schließlich ist es besser, einmal zu oft auf Nummer sicher zu gehen, als dass eine Sprachentwicklungsstörung zu lange unentdeckt und somit auch unbehandelt bleibt.

Welche Formen gibt es?

Zunächst wird bei den Sprachentwicklungsstörungen eine Unterteilung in zwei verschiedene Kategorien vorgenommen: die **spezifischen Sprachentwicklungsstörungen (kurz: SSES)** und die **Sprachentwicklungsstörungen (SES)**.

- Erstere werden auch **primäre Sprachentwicklungsstörungen** genannt und beziehen sich ausschließlich auf die reinen Defizite bei der Sprache, während alle anderen körperlichen Fähigkeiten altersgerecht entwickelt sind.
- SES, auch **sekundäre Sprachentwicklungsstörungen** genannt, sind dagegen immer auch an andere Entwicklungsstörungen geknüpft. Diese können beispielsweise genetischen oder neurologischen Ursprungs oder auch die Folge bestimmter Behinderungen sein. Diese sind ein komplett anderes und genauso umfangreiches Thema und werden meist auch schon frühzeitig (im Rahmen anderer Diagnosen als Teil eines größeren Krankheitsbildes) behandelt.

Dieser Ratgeber konzentriert sich auf die primären Störungen. Diese können erst ab einem Alter von etwa 3 Jahren zweifelsfrei diagnostiziert werden, was allerdings nicht bedeutet, dass Sie bis dahin warten sollten, ehe Sie Ihren Kinderarzt in Ihre Beobachtungen und Sorgen einweihen.

Es werden folgende **Arten der primären Sprachentwicklungsstörungen** unterschieden:

Störungen der Lautbildung/Aussprache

Hier unterscheidet man wiederum in phonetische und phonologische Störungen.

Phonetische Störungen, auch als Sprechstörungen bezeichnet, liegen dann vor, wenn bestimmte Laute sprechmotorisch nicht fehlerfrei gebildet werden können. Das wohl bekannteste Beispiel dafür ist das Lispeln, bei dem die Zungenmotorik gestört ist und das Kind Probleme damit hat, seine Zunge an bzw. zwischen die Zähne zu legen, um das „s“ zu sprechen. Der betreffende Laut kann dann weder einzeln für sich noch in einem entsprechenden Wort gebildet werden. Damit das Kind diese Schwierigkeiten umgeht, verwendet es oft Laute, die ähnlich klingen, aber einfacher auszusprechen sind (beispielsweise „Totolade“ für Schokolade oder „pingen“ für springen.

Phonologische Störungen sind dagegen Sprachstörungen. Der große Unterschied ist hier, dass der betroffene Laut für sich isoliert durchaus gebildet werden kann, jedoch gelingt es dem Kind dann im Kontext eines ganzen Satzes bzw. mehrerer Worte nicht. Das Regelsystem, dem die Aussprache unterliegt, ist also gestört. Weiterhin kann das Kind die einzelnen Laute schlecht voneinander unterscheiden, weswegen es ähnlich klingende Sprachlaute oft miteinander vertauscht. Beispiele dafür wären „Tate“ statt Tasse und „taufen“ statt kaufen.

Störungen der Grammatik

Das Kind hat große Probleme mit der Anwendung der grammatikalischen Regeln. Diese erfolgt dann entweder falsch oder unvollständig. Besonders häufig zu beobachten sind Schwierigkeiten bei der richtigen Artikelauswahl, der Bildung von Plural-Formen oder auch der Anordnung der einzelnen Satzglieder. Beispiele: „Das Ball sein rot.“, „Der Blumen da schön sind.“

Störungen des Wortschatzes

Dies kann sich sowohl aktiv als auch passiv äußern. Aktiv bedeutet, dass das Kind weitaus weniger spricht, als das in seinem Alter normalerweise üblich wäre. Eine passive Störung liegt dann vor, wenn das Kind zu wenige Wörter versteht, unabhängig von seiner eigenen Sprache.

Störungen des Sprachverständnisses

Hier kann das Kind bestimmte Worte oder Sätze nicht richtig verstehen, was sich oft dadurch zeigt, dass es auf sprachliche Aufträge seiner Bezugspersonen unangemessen oder teilweise auch gar nicht reagiert. Dies hat aber nichts mit Ungehorsam zu tun, sondern schlichtweg damit, dass es nicht zuordnen kann, was gerade von ihm verlangt wird.

Pragmatisch-kommunikative Störungen

Damit sind Störungen des Dialog- und Kommunikationsverhaltens gemeint. Wie der Name schon sagt, sind davon alle Bestandteile der Kommunikation betroffen, also auch Mimik und Gestik, nicht nur die reine Sprache. Das betroffene Kind kann sich nicht verständlich ausdrücken, wenn es von seinen Erlebnissen berichten oder auch vorgegebene Geschichten (beispielweise aus Bilderbüchern) wiedergeben möchte. Die Menschen in seinem Umfeld können, wenn überhaupt, nur sehr schwer verstehen, was es ihnen gerade mitteilen möchte.

Late Talker

Die „Late Talker“, also „Spätsprecher“, leiden unter einer Sonderform der Störung ihres Wortschatzes. Die Bezeichnung wird für Kinder zwischen 1 und 3 Jahren verwendet, die eine deutlich verlangsamte Entwicklung ihrer Sprache aufweisen, ohne dass dies durch organische Ursachen wie beispielsweise körperlich bedingte Störungen des Gehörs ausgelöst wird. Auch wenn dieser Begriff vielen Menschen noch nicht geläufig ist, so sind doch relativ viele Kinder davon betroffen – ganze 10 bis 20 Prozent. Der Großteil dieser Kinder kann durch eine rechtzeitige Förderung diese Defizite bis zu ihrem 3. Lebensjahr aufarbeiten und das Niveau der anderen Kinder ihres Alters erreichen. Die anderen sind jedoch einem größeren Risiko ausgesetzt, weitere Sprachauffälligkeiten oder schlimmstenfalls spezifische Sprachentwicklungsstörungen zu entwickeln. Haben diese dann das 3. Lebensjahr erreicht, so spricht man nun von „Late Bloomers" („Spätblühern"). Auch hier sollte wieder ein besonderes Augenmerk darauf gelegt werden, dass die Kinder die Rückstände auch wirklich aufholen, um die zuvor bereits erwähnten Risiken zu minimieren.

Wie äußert sich diese Beeinträchtigung? Von einem derartigen unterdurchschnittlichen Wortschatz kann man dann ausgehen, wenn Kleinkinder mit 2 Jahren weniger als 50 Wörter in ihrem aktiven Wortschatz besitzen bzw. weniger als 100 Worte mit 2,5 Jahren. Außerdem sind Late Talker noch nicht fähig, Wortkombinationen zu bilden oder Zweiwortäußerungen, geschweige denn noch mehr, zu tätigen.

Mögliche Ursachen

Die Ursachen für die Sprachentwicklungsstörungen können wiederum so umfangreich und vielseitig sein wie die Formen selbst.

Dies sind die grundlegenden Typen:

- **Medizinische Ursachen**: Diese können sehr unterschiedlich sein. Sprachstörungen treten als Folge bzw. Begleiterscheinung von geistigen Behinderungen, Autismus, Gehörlosigkeit oder auch anderweitigen Beeinträchtigungen des Gehörs auf.

- **Psychische Schäden**: Hat das Kind bereits in seinem frühen Alter schwerwiegende Traumata erleiden müssen, so kann sich dies durchaus auch negativ auf seine Sprachentwicklung auswirken.

- **Verzögerte Motorik**: Auch eine allgemein langsamere Entwicklung der Motorik des Kindes kann die Sprachentwicklung behindern, da es mit den Bewegungen seines Mundes sowie der beteiligten Muskeln Probleme hat.

• **Muskelfunktionsstörungen**: Speziell eine negative Beeinträchtigung der Gesichtsmuskeln behindert das Sprechen, beispielsweise, wenn die Zunge erschlafft oder der Kiefer ermüdet.

• **Genetische/neurologische Gründe**: Spracherwerbsstörungen können durchaus auch erblich bedingt sein oder durch angeborene Defizite des Gehirns hervorgerufen werden.

• **Längerfristige künstliche Beatmung als Baby**: Dieser Umstand kann ebenfalls Störungen der Sprache nach sich ziehen. Häufig äußert sich diese in Schwierigkeiten bei der Lautbildung.

• **Mangelnder sprachlicher Input**: Dies ist wohl eine der häufigsten Ursachen für Sprachentwicklungsstörungen. Wenn die Bezugspersonen sich nur wenig Zeit nehmen, um mit dem Kind zu sprechen und es dahingehend zu fördern, so ist es nicht unwahrscheinlich, dass es Probleme dabei entwickelt, seine Muttersprache korrekt zu erlernen.

Damit Sie also das Problem an der Wurzel packen und lösen können, ist es wichtig, dass Sie zusammen mit dem behandelnden Arzt herausfinden, welche Ursache(n) der Störung zugrunde liegen. Haben Sie als Eltern eventuell Fehler gemacht und das Kind in Bezug auf die Sprache vernachlässigt oder leidet es vielleicht an irgendeiner Krankheit, die bisher noch nicht aufgefallen ist oder diagnostiziert wurde? Das gilt es zunächst zu klären, bevor Sie sich darüber Gedanken machen, wie die Störung nun letztendlich behandelt werden soll.

Auswirkungen auf den Alltag der betroffenen Kinder

Es wurde ja bereits deutlich, dass die Kinder mit Sprachentwicklungsstörungen unter großen Einschränkungen leiden und schlimmstenfalls ihre ganze Entwicklung negativ beeinträchtigt und verzögert werden kann. Das ist als außenstehende Bezugsperson schon schwierig mitanzusehen und man leidet automatisch mit seinem Schützling mit, doch selten versetzen wir uns wirklich richtig in die Gefühlswelt der Kleinen hinein und versuchen nachzuvollziehen, wie diese sich damit fühlen bzw. wie genau sich diese Störung auf ihr alltägliches Leben auswirkt.

Zunächst sind sich die Kinder ihres Problems durchaus bewusst, egal, wie jung sie auch sein mögen. Dies verschlimmert sich natürlich, je älter sie werden und je mehr Kontakte sie knüpfen. Gerade dann, wenn der regelrechte „Vokabelspurt“

beginnt, in dem die Kinder ihren Wortschatz rasant erweitern, fällt es natürlich schnell auf, dass manche Kinder nicht mithalten können, was zusätzlichen Druck auslöst und auch möglicherweise die Entstehung von Komplexen fördert oder bereits bestehende noch zusätzlich festigt. Machen Sie also nicht den Fehler und unterschätzen die psychischen und sozialen Auswirkungen, unter denen Ihr Kind leiden muss.

Viele Kinder mit Spracherwerbsstörungen schämen sich für ihre Defizite, mussten vielleicht auch schon Hänseleien der anderen ertragen und ziehen sich oft zurück. Durch diese Isolation versuchen sie, die Angriffsfläche zu verringern, indem sie Konversationen weitestgehend verhindern wollen. Da sie die betroffenen Laute, Wörter etc. teils auch oft unbewusst vermeiden oder zur leichteren Aussprache abwandeln, versuchen sie, diese Schwierigkeiten zu kaschieren – nur leider oft ohne Erfolg. Häufig hat dies noch weitere negative Folgen, die wie ein Rattenschwanz hinterhergezogen werden. Es ist allseits bekannt, wie gnadenlos Kinder oft sein können, wenn sie Schwachpunkte der Altersgenossen entdeckt haben. Um kurz mal ein **Beispiel** aufzuführen, was einen möglichen Extremfall darstellt, der aber keineswegs unwahrscheinlich ist:

Der kleine Arthur (4) hat Probleme damit, das „Sch“ auszusprechen. Bisher hat er keine Auffälligkeiten in seiner Sprachentwicklung gezeigt, seine Fortschritte lagen in einem normalen Rahmen, bis sie dann vor einigen Monaten plötzlich stagnierten. Dies fiel zeitlich in etwa mit dem Ereignis zusammen, dass Arthurs Papa plötzlich ziemlich stark erkrankte, was letzten Endes zur Folge hatte, dass er gesundheitlich nicht dazu in der Lage war, seine vorherige berufliche Tätigkeit wieder aufzunehmen. Arthurs Mutter musste nun zunächst einspringen und den Verlust dämpfen, indem Sie noch weitere Arbeiten zusätzlich zu ihrem Hauptberuf aufnahm. Hinzu kam die ständige Sorge um den Familienvater sowie die psychische Verarbeitung dieses Schicksalsschlages. Die Eltern gaben trotzdem ihr Bestes, um ihr Kind zu unterstützen und für es da zu sein, aber in der Fülle dieser ganzen Sorgen ging die Zeit für Arthur oft schlichtweg unter. Ihm ging es zwar gut und er wurde nicht vernachlässigt, aber ihm fehlten die sprachlichen Anreize, das gemeinsame Lesen von Geschichten oder auch die ausführlichen Erkundungstouren durch ihre Stadt, bei dem er seinen Eltern fröhlich von den ganzen neuen Eindrücken berichten und zeigen konnte, was er schon alles weiß und welche Wörter er kennt. Dann war es irgendwann soweit und Arthur fragte seinen Vater, ob er sich etwas von der Schokolade nehmen dürfe. Das einzige Problem: Statt „Schokolade“ sagte er stolz „Totolade“.

Auch bei einer erneuten Nachfrage folgte die gleiche Aussprache. Dies verwirrte die Eltern zunächst sehr, da Arthur bisher nie große Probleme mit den anderen Lauten hatte und sie nie damit gerechnet hätten, dass er in diesem Alter noch Schwierigkeiten entwickeln könnte. Sie warteten also zunächst noch ab und hofften darauf, dass es sich dabei nur um eine temporäre Beeinträchtigung handelte und er spätestens in ein paar Wochen die richtige Aussprache lernen würde, weil er das „Sch“ für sich isoliert durchaus aussprechen konnte, halt nur dann nicht, wenn es darum ging, entsprechende Worte zu bilden. Sie verbesserten ihn, wenn er dahingehend erneut Fehler machte, unternahmen aber zunächst nichts weiter.

Dies fiel erstmal auch nicht weiter auf – jedes Kind macht nun mal Fehler beim Lernen und anfangs sind solche kleinen Versprecher ja auch ganz süß. Die befreundeten Familien, die ebenfalls Kinder in Arthurs Alter hatten, beobachteten bei ihren Kindern oft Ähnliches und waren ebenfalls amüsiert darüber, wie diese die Zischlaute erlernen. Doch dann kam der Zeitpunkt, an dem alle anderen Kinder diese Hürde bereits gemeistert hatten; auch die Freunde und Familie reagierten immer weniger mit einem Lächeln, dafür mehr mit kritischen Blicken. Seine Eltern konnten sich vor „gut gemeinten“ Hinweisen auf Arthurs Defizit kaum noch retten. Wenngleich Arthur diese noch nicht verstehen konnte oder sie nicht mitbekam – die kritischen Blicke entgingen ihm nicht. Nach einigen Wiederholungen dieser unangenehmen Situation konnte er die verurteilenden Reaktionen der anderen Erwachsenen genau mit seinem Sprachfehler assoziieren. Aber ihm schlugen nicht nur von deren Seite aus Kritik und Hohn entgegen: Auch seine Freunde und die anderen Kinder in der Kita oder seiner Spielgruppe lachten über die „Totolade“ oder die „Tule“ (Schule), die sie in etwa zwei Jahren besuchen würden. Arthur schämte sich, versuchte zunächst, diese Worte zu umgehen. Aber auch er lernte jede Menge neue Wörter dazu und damit leider auch viele, die das gefürchtete „Sch“ enthielten. Er kam nicht mehr drumherum, diese zu verwenden – zum Umschreiben reichten sein Wortschatz und das Verständnis dann eben doch noch nicht ganz aus.

Nach einigen Wochen hatte Arthur dann genug und unterlag dem Spott und der Abwertung seiner Mitmenschen. Er konnte nichts dafür, war ansonsten genauso weit entwickelt wie die Freunde in seinem Alter auch und ein schlaues Köpfchen, aber dennoch wurde er seit dem Beginn dieser Sprachstörung fast nur noch darauf reduziert. Als Folge dessen mied er den Kontakt zu anderen Menschen (jeden Alters), zog sich lieber zurück und spielte für sich allein. Wenn ihm dies nicht möglich war, dann schwieg er den Großteil der Zeit. Er hatte sich komplett verändert und war nicht mehr das fröhliche Kind, das den ganzen Tag vor sich hingeplappert und so viel Freude beim gemeinsamen Spielen mit seinen Freunden hatte.

Die anderen Probleme und Sorgen, die ihn plagten, behielt er ebenfalls zunehmend für sich – zu groß war die Angst vor dem Sprechen, außerdem befürchtete er, seine Eltern zusätzlich zu den bestehenden Problemen noch weiter zu belasten. Auch die anderen Kinder aus seinem Umfeld zogen ihre Schlüsse: Sie hatten vielleicht nicht einmal schlechte Absichten, als sie Arthur gehänselt haben. Sie wollten einen Spaß machen und konnten in diesem Alter noch nicht nachvollziehen, dass sie ihm damit wehgetan und die Situation für ihn zusätzlich verschlimmert haben. Aus ihrer Sicht war es so, als ob er keine Lust mehr auf sie hätte und lieber allein sein wollte. Er wollte ja auch gar nicht mehr mit ihnen reden, selbst, wenn sie ihn ansprachen und ihn etwas fragen wollten. Arthur war daraufhin immer mehr in dieser aufgezwungenen Außenseiterrolle gefangen, es gelang ihm nicht, wieder den Anschluss zu den anderen Kindern zu finden. Seine Lebensfreude verringerte sich stark und auch seine restliche Entwicklung litt darunter, denn – wie wir bereits festgestellt haben – Kinder brauchen Interaktionen für eine gute Entwicklung.

Sollte diese Situation bis zum Eintritt in die Grundschule so bestehen bleiben oder sich sogar noch verschlimmern, sodass diese Stellung als Eigenbrötler sich noch weiter festigt, drohen noch weitreichendere Folgen. Er wird sich nicht trauen, in der Schule sein Können zu zeigen (zumindest nicht mündlich) und wird große Schwierigkeiten beim Erlernen der fundamentalen Fähigkeiten wie Lesen und Schreiben haben, was sich dann natürlich auch negativ auf seine ganzen Lernerfolge auswirken wird.

Möglicherweise entwickelt er sogar eine Schulphobie, wenn ihn diese Flut an negativen Erfahrungen und Gefühlen überwältigt. Allerspätestens ab diesem Zeitpunkt führt nichts um eine Therapie herum – sowohl eine zur Korrektur des Sprachfehlers als auch eine zur „Wiedereingliederung" in sein soziales Umfeld, damit Arthur wieder in sein altes Leben zurückfinden und seine Freude zurückgewinnen kann.

Bevor Sie nun von Sorgen und Ängsten überwältigt werden: Machen Sie sich erneut bewusst, dass es sich dabei, wie gesagt, um eine mögliche Variante des schlimmsten Falles, der eintreten könnte, handelt. Zum Glück verlaufen nur wenige Fälle derartig krass, aber die Wahrscheinlichkeit, dass die Situation so eskalieren kann, besteht – ob sie gegen 0 reduziert werden kann oder aber steigt, hängt davon ab, wie schnell die Bezugspersonen der betroffenen Kinder handeln und für die Förderung sorgen, die diese benötigen, um nicht unter den möglichen, gravierenden Folgen leiden zu müssen.

Sie sehen: Die Auswirkungen auf den Alltag dieser Kinder können facettenreich sein und mehr oder weniger schwerwiegend. Dennoch sind Spracherwerbsstörungen nichts, was man auf die leichte Schulter nehmen sollte. Gerade die ersten negativen Auswirkungen wie zunehmendes Schweigen, die gezielte Vermeidung von Konversationen oder auch Isolation lassen oft nicht lange auf sich warten und erfordern ein sofortiges Handeln, sobald Sie bemerken, dass Ihr Kind sich verändert. Beginnen Sie dann, Ihrem Kind zusätzliche sprachliche Anregungen zu geben. Reden Sie noch intensiver mit ihm und nehmen Sie es an die Hand. Zeigen Sie ihm einerseits, dass es sich für seine Fehler nicht schämen muss, und andererseits, was es besser machen kann und wie es richtig ist. Und ganz wichtig: Haben Sie Geduld mit Ihrem Kind! Holen Sie sich unbedingt zusätzlich den Rat Ihres Kinderarztes oder auch eines entsprechenden Facharztes ein; dieser wird wissen, was zu tun ist, damit Sie Ihrem Kind optimal dabei helfen können, seine Schwierigkeiten zu meistern. Welche Möglichkeiten Ihnen zur Verfügung stehen, erfahren Sie im folgenden Kapitel.

Kapitel II – Sprachförderung

Nun befassen wir uns mit der eigentlichen Bewältigung der Störungen im Spracherwerb eines Kindes. Dabei gibt es verschiedene Ansätze und Möglichkeiten, die Sie verfolgen können.

THERAPIE ODER DOCH FÖRDERUNG?

Wenn Sie dies noch nicht getan haben und Sie sich noch nicht sicher waren, dann sollten Sie Ihren Kinderarzt oder auch einen Facharzt für Stimm- und Sprachstörungen aufsuchen, um sich mit ihm über die weitere Vorgehensweise zu beraten. Bei schwerwiegenden Fällen ist auch eine Überweisung an einen Logopäden möglich und sinnvoll.

Zunächst gibt es zwei grundlegende Optionen, wenn es um die Lösung dieses Problems geht – die Therapie auf der einen Seite, die Sprachförderung auf der anderen. Doch wo liegt der Unterschied?

Die **Sprachförderung** ist grundsätzlich die mildere Methode. Sie reicht in der Regel aus, wenn die Sprachentwicklung des Kindes zwar auffällig ist, aber noch nicht unbedingt eine Sprachstörung vorliegt. Diese Auffälligkeiten bzw. leichten Defizite können durchaus schnell entstehen, beispielsweise wenn die Eltern unter der Belastung anderer, etwa finanzieller Probleme leiden. Einerseits bemerken Kinder diesen Stress sehr schnell und nehmen ihn dann auch selbst an, was schon vielseitige Probleme begünstigt. Auf der anderen Seite fehlen den betroffenen Eltern dann oft Zeit und Nerven, um sich gezielt mit ihren Kindern hinzusetzen und mit ihnen zu sprechen. Wenn dann eine Sprachförderung angestrebt wird, so ist diese meist eher allgemein gehalten:

Das vorrangige Ziel ist hier, die bisherigen Stärken und Fähigkeiten im Bereich Grammatik, Wortschatz und Sprachmelodie weiter auszubauen. Auf die direkten Defizite kann eher nicht so gezielt eingegangen werden wie bei einer Therapie, das ist aber in den meisten Fällen auch nicht notwendig, da die Sprachförderung dem Kind schon ausreichend hilft, in seiner Sprachentwicklung voranzukommen und aufzuholen. Die Sprachförderung ist viel unkomplizierter und kann durch mehrere Stellen wahrgenommen werden. Das können beispielsweise die Erzieher im Kindergarten sein oder auch Sie selbst als Eltern, da sich die spielerischen Übungen sehr leicht in den Alltag integrieren lassen und leicht anzuwenden sind – Sie müssen also nicht befürchten, dass Sie damit etwas falsch machen könnten.

Eine **logopädische Sprachtherapie** wird notwendig, wenn eine Sprachstörung vorliegt oder eine Sprachförderung keine Abhilfe leisten konnte. Auch die Therapie findet vorrangig als Einzelbehandlung statt, damit der Arzt sich voll und ganz auf das Kind und seine Bedürfnisse konzentrieren kann. Teilweise werden aber auch Gruppensitzungen durchgeführt, welche die Situation zusätzlich auflockern können und den Kindern zu neuen Interaktionen verhelfen sollen. Die Behandlung an sich erfolgt meist über spielerische Übungen, die genau an die Anforderungen des jeweiligen Kindes angepasst werden.

Das klingt zunächst vielleicht verwirrend und so, als ob eine Sprachförderung nur in den wenigsten und leichtesten Fällen angewendet werden kann. Denn auch, wenn Ihr Kind eine Störung haben sollte, so muss erst wieder differenziert werden, ob es sich um eine Sprachstörung oder eine Sprachentwicklungsstörung handelt. Ein Beispiel: Der kleine Tom verfügt über einen (für sein Alter) viel zu kleinen Wortschatz und auch der Satzbau sitzt noch nicht so richtig. Bei diesen beiden Problemen handelt es sich um Sprachentwicklungsstörungen, die mit einer Sprachförderung ausgebessert werden können.

Wenn Tom nun aber zusätzlich noch große Probleme mit der Aussprache bestimmter Worte bzw. Laute hat, dann liegt auch noch eine Sprachstörung vor, die von einem Logopäden behandelt werden muss und demnach eine Therapie erfordert. Während die Förderung also durchaus eine sinnvolle Maßnahme für die Kinder mit nur leichten sprachlichen Schwächen darstellt, so ist sie trotzdem nicht immer eine Option. Beispielsweise wurde wissenschaftlich bewiesen, dass die Kinder, die nach ihrem 3. Lebensjahr noch mit ihrer Sprachentwicklungsstörung zu kämpfen haben, kaum noch aufholen können, wenn man es bei der bloßen Förderung belässt.

Daher gilt: **Je früher Sie sprachliche Defizite bei Ihrem Kind bemerken und sich eingestehen, desto besser**. Ergreifen Sie gleich die erforderlichen Maßnahmen, damit Ihrem Kind schnellstmöglich geholfen werden kann und es zu dem Niveau zurückfinden kann, das es vorweisen sollte. Und ziehen Sie in diesem Fall einen Arzt hinzu, bevor Sie mit Übungen und Sprachspielen beginnen! Natürlich sind diese in jedem Fall förderlich und können keinen Schaden in der Entwicklung Ihres Kindes anrichten, aber es kann durchaus sein, dass einige der Übungen nicht dem Alter oder den Anforderungen entsprechen und damit über das Ziel hinausschießen. Eine differenzierte Sprachdiagnostik ist folglich unerlässlich, damit einem Kind so geholfen werden kann, wie es das benötigt.

Eine Sprachförderung ist aber nichtsdestotrotz nicht zwingend an das Vorliegen von Defiziten geknüpft – die spielerischen Übungen machen jedem Kind Spaß und eignen sich für jede Familie. Der große Vorteil im Gegensatz zur Therapie: Die Förderung ist dazu in der Lage, diesen Störungen vorzubeugen, weswegen sie bei jedem Kind sinnvoll ist und in den persönlichen Alltag eingebaut werden sollte.

DIE ZIELE DER SPRACHFÖRDERUNG

In diesem Kapitel möchte ich Ihnen dabei helfen, mehr über diese Fördermethode und alles, was sie umfasst, zu erfahren. Zunächst werfen wir einen Blick auf die Ziele, die die Sprachförderung zu erreichen sucht:

Die (mindestens) **gute Beherrschung unserer Muttersprache** oder – in manchen Fällen – die des Landes, in dem man lebt und aufwächst, ist zwingend notwendig, damit jeder einzelne seinen Platz in der Gesellschaft finden kann. Ohne die entsprechenden Fähigkeiten zur Interaktion und Kommunikation mit seinem Umfeld würde man schnell untergehen, die eigene Meinung würde kein Gehör finden und andere Menschen wären nicht in der Lage, auf die eigenen Wünsche und Bedürfnisse einzugehen. Daher ist es immens wichtig, dass unsere Kinder die Lautbildung und den Satzbau erlernen und sich gut ausdrücken können, denn dadurch werden sie später auch ohne weitere Probleme das Lesen und Schreiben lernen können.

Genau an dieser Stelle setzt die Sprachförderung an: Wenn die Bezugspersonen merken, dass das Kind sichtliche Probleme mit seinem Spracherwerb hat, dann beginnen sie mit der Förderung als Gegenmaßnahme. Dies dient dem großen Zweck, dass für das Kind aus sozialer Sicht keinerlei Nachteile entstehen und es sich weiterhin ohne Probleme in die Gesellschaft einfügen kann. Sprachförderung ist aber nicht nur die Aufgabe der Eltern, sondern wird auch umfassend in den Kitas praktiziert, wo die erfahrenen und geschulten Erzieher ein besonderes Augenmerk auf jedes einzelne Kind und seine Anforderungen legen können.

Sie greifen vor allem dann ein, wenn sie merken, dass es den jeweiligen Eltern nicht möglich ist: Beispielsweise, wenn sie absolut keine Zeit für das Sprechen mit ihrem Kind finden (wollen), sie aus sozial- oder bildungsschwachen Familien stammen, wenn die Kinder eine Behinderung haben oder auch aus Familien mit Migrationshintergrund stammen, bei denen die Eltern noch nicht so gut Deutsch sprechen und nicht helfen können. Die Sprachförderung soll es dann ermöglichen, dass alle Kinder dieses Alters, ungeachtet ihrer Herkunft oder ihrer Umstände, dasselbe sprachliche Niveau erreichen und keines davon benachteiligt wird. Der Fokus liegt also auf der Chancengleichheit, aber auch auf der Integration in die Gesellschaft.

Ein weiterer Faktor, den eine gute Sprachentwicklung deutlich begünstigt: Wenn die Kinder die Sprache ihres Landes sicher beherrschen, sowohl in Wort und Schrift als auch beim Sprechen selbst, dann ergeben sich für sie völlig neue Chancen, die sie ohne diese Förderung wahrscheinlich nie bekommen hätten. Es bedeutet zwar keineswegs, dass Kinder nicht so schlau sind, wenn sie nicht gut sprechen können, allerdings wird dieses Potenzial schnell von den Lehrkräften übersehen, wenn sie aufgrund ihrer Ausdrucksschwierigkeiten wiederholt schlechte schulische Leistungen erbringen. Ist dieses Sprachdefizit aber überbrückt, dann kann das Kind sein Können voll und ganz entfalten – was nicht gerade selten dafür sorgt, dass die fachlich anspruchsvolleren Schulformen als weiterführende Schulen empfohlen werden.

Dementsprechend haben die Kinder, welche die Sprache gut beherrschen, auch in ihrem späteren Leben bessere Möglichkeiten auf den Zugang zu einer Ausbildung oder auch einem Studiengang. Sie können also wahrscheinlicher in einem Beruf unterkommen, der ihnen mindestens eine soziale Absicherung bietet, mit der sie sich über Wasser halten können. Gerade für Kinder aus sozial schwachen Familien eine große Chance: Sie können aus dieser Armut ausbrechen, die sie oft schon seit geraumer Zeit stört, und die Situation hinter sich lassen, jeden Monat verzweifelt auf den nächsten Geldeingang zu warten und sich nur selten oder gar nie etwas leisten zu können, was man sich wünscht. Das sind also die übergeordneten Ziele, die es jedem Kind ermöglichen sollen, sich bestmöglich entfalten zu können. Jedoch gibt es noch viel kleinere Teilziele, die diese Entwicklung begünstigen.

Die **Teilziele** sind beispielsweise:

- **Die Erweiterung des kindlichen Wortschatzes:** Kinder verfügen im Alter von 3 Jahren über einen aktiven Wortschatz, der um die 500 Wörter umfasst. Nochmal drei Jahre später sind es schon stattliche 2500. Bei diesem rapiden Entwicklungssprung fällt es also besonders schnell auf, wenn Kinder nicht hinterherkommen und sich ihr Wortschatz schlecht entwickelt.

• **Das Wecken der Freude am Sprechen:** Viele Kinder sind von Natur aus schon schüchtern, was sich in den Situationen, in denen andere Kinder fröhlich und stolz drauf los plappern, noch verschlimmern kann. Oft kommen dann Ängste hinzu, dass sie Fehler machen könnten, wodurch sie sich dann nicht trauen, es überhaupt erst zu versuchen. Die Erzieher legen besonderen Wert darauf, diese Kinder durch Spiel und Spaß aus ihrem kleinen Schneckenhaus zu locken und zum Sprechen zu animieren.

• **Die Verbesserung der grammatikalischen Fähigkeiten:** Die deutsche Grammatik mag mitunter schwer zu vermitteln sein und es gibt eine Vielzahl an Regeln, die jedes Kind erst verstehen und verinnerlichen muss. Das Kita-Personal ist bestens geschult, um dieses komplexe Thema gut darlegen zu können.

• **Der weitere Ausbau des Sprachverständnisses:** Dieses ermöglicht es den Kindern unter anderem, Kinderreime und Lieder durch mehrfaches Hören auswendig zu lernen, die Erzählungen anderer wiederzugeben, Fragen zu einer vorgelesenen Geschichte zu beantworten oder seine Meinung zu einem bestimmten Thema zu äußern.

• **Die Vermittlung der Bedeutung der Sprachmelodie und der richtigen Lautbildung:** Den Kindern wird nähergebracht, wie sie den richtigen Rhythmus und das Taktgefühl beim Sprechen finden und worauf sie bei der Betonung achten müssen. So können sie sich flüssig und weder zu monoton noch zu überschwänglich ausdrücken, ihre Sprache wirkt natürlich und rund.

• **Die Stärkung der kommunikativ-soziale Aspekt der Sprache:** Dies bezieht sich eher auf das Sprechen mit jemandem. Es werden vor allem Werte wie Höflichkeit, Freundlichkeit und Respekt vermittelt, aber auch der richtige Umgang mit den eigenen Gefühlen und Bedürfnissen. Den Kindern wird außerdem beigebracht, wie man verbal reagieren kann, wenn es einmal zu Konfliktsituationen mit anderen Kindern oder Erwachsenen kommt, und wie man diese lösen kann.

Diese Auswahl ist nur ein Bruchteil der gesamten Ziele, die eine Sprachförderung verfolgt. Daneben gibt es beispielsweise noch die Förderung der

Konzentration, der Motorik, der Frustrationstoleranz und vieles mehr. Lassen Sie sich davon aber nicht verunsichern, denn das Ganze klingt weitaus komplizierter, als es in der Realität ist. Viele der Übungen zur Sprachförderung funktionieren wie ein Rundumschlag und decken bereits mehrere dieser einzelnen Aspekte ab. Der wichtigste Grundsatz lautet nach wie vor: Sprechen Sie mit Ihrem Kind und lassen Sie Ihr Kind sprechen.

VERSCHIEDENE GRUNDPRINZIPIEN

Wenn Sie Ihren Anteil an der Sprachförderung Ihres Kindes wahrnehmen wollen, dann sollten Sie über deren Grundprinzipien Bescheid wissen und diese beachten, um Erfolg zu haben:

1. Grundprinzip: Sichern Sie sich die Aufmerksamkeit Ihres Kindes!

Dies beginnt schon vor der eigentlichen Kommunikation mit ihm. Suchen Sie die direkte Nähe: Sie sollten so vor dem Kind stehen oder sitzen, dass es gleich bemerkt, dass Sie mit ihm kommunizieren möchten, und es seine Aufmerksamkeit automatisch auf Sie richtet, ohne dass Sie diese zusätzlich einfordern müssen. Sie können auch gleich den Blickkontakt suchen; halten Sie diesen dann über den Verlauf des Gespräches. Sollte Ihr Kind gerade in eine andere Aktivität vertieft sein, können Sie es alternativ auch direkt mit seinem Namen ansprechen oder Kontakt über Berührungen herstellen. Sprechen Sie auch möglichst auf Augenhöhe mit ihm, geben Sie ihm das Gefühl, ein Freund zu sein, der immer für es da ist und es als eigenständigen Menschen wertschätzt und akzeptiert – würden Sie von oben herab mit ihm sprechen, dann erweckte dies eher den Eindruck, dass Sie nur der unerreichbare Erwachsene sind, der sich nicht in seine Lage versetzen kann oder möchte und es nicht richtig verstehen kann.

Hier kommt auch wieder der Blickkontakt ins Spiel: Halten Sie ihn so, wie Sie es auch im Gespräch mit anderen Erwachsenen tun. Zeigen Sie, dass Sie Ihrem Kind stets zuhören und sich dafür interessieren, was es Ihnen zu sagen hat – egal, wie wirr die Ausführungen unserer Kleinen manchmal auch sein mögen. So fühlt es sich akzeptiert und geschätzt, was die Bindung auch zusätzlich stärkt.

Ein weiterer Tipp: Sollte das Kind aus Ihrer Sicht Probleme damit haben, Ihren Anweisungen zu folgen, dann versuchen Sie vielleicht einmal, diese zu konkretisieren. Sprechen Sie das Kind direkt an, sagen Sie: „____, du räumst jetzt dein Spielzeug zurück in die Box." Oft sind die elterlichen Aufträge zu allgemein gehalten und die Kinder noch nicht in der Lage zu verstehen, dass die Aufforderung gerade an sie gerichtet war und es notwendig ist, dass sie die bestimmte Sache jetzt erledigen.

2. Grundprinzip: Behalten Sie Ihre eigene Ausdrucksweise im Blick!

Natürlich sind Ihre Sprache und die Art, wie Sie Ihre Anliegen vermitteln, genauso wichtig wie die kommunikationsbegleitenden Aspekte aus dem Punkt zuvor. Bewahren Sie einen liebevollen Ton und helfen Sie Ihrem Kind zusätzlich, Sie zu verstehen: Betonen Sie die Sachen, auf die Sie besonderen Wert legen, und sprechen Sie vor allem ruhig, langsam und deutlich.

Wenn Sie bemerken, dass Ihr Kind Schwierigkeiten hat, Ihnen zu folgen, dann unterbrechen Sie ruhig Ihre Ausführungen und fragen es, ob alles in Ordnung ist, oder wiederholen bzw. erklären Sie Ihre vorherigen Sätze erneut. Passen Sie sich unbedingt dem Alter und sprachlichen Niveau Ihres Kindes an! Je jünger das Kind, desto simplere Sprache sollten Sie verwenden – kurze Sätze, regelmäßige Pausen, keine unnötigen Ausschmückungen. Aber was in Bezug auf eine nicht zu hochtrabende und schwierige Sprache gilt, das gilt genauso für das Gegenteil: Vermeiden Sie eine schlechte Ausdrucksweise und seien Sie Ihrem Kind ein gutes Vorbild. Sie sind das Paradebeispiel, dem es nacheifern will, also ist es nur logisch, dass es auch Ihre Ausdrucksweise annehmen wird, sowohl hinsichtlich des Tonfalles als auch der Wortwahl.

Sie müssen sich nicht dafür schämen, dass Ihnen vielleicht ab und zu im Alltag Flüche oder unschöne Wörter auf der Zunge liegen oder auch mal herausrutschen, aber achten Sie unbedingt darauf, dass dies nicht zu einer festen Gewohnheit wird. Schlechte Einflüsse der Sprache sind natürlich nicht nur auf Sie oder die Bezugspersonen generell begrenzt, sondern kommen auch von anderen Kindern. Das wird besonders dann noch eine Rolle spielen, wenn Ihr Kind später die Schule besucht. Es wird viele neue Menschen kennenlernen, die sprachlich alle ihre eigenen Macken besitzen. Dementsprechend wird es vielleicht auch auf einige Kinder treffen, die bereits schon einige unschöne Ausdrucksweisen in ihren Wortschatz aufgenommen haben – diese eignen sich andere Kinder nur allzu gerne an, da sie diese neuen und interessanten Wörter so vielleicht noch nie zuvor gehört haben.

Sie können auch schlichtweg noch gar nicht wissen, was viele dieser Worte bedeuten. Umso schockierter sind viele Eltern, wenn ihr Kind eines Tages nach Hause kommt und freudestrahlend behauptet, es hätte das neue Wort „Scheiße" gelernt. Gerade dann, wenn diese immer sehr viel Wert auf die Ausdrucksweise ihrer Schützlinge gelegt und selbst mit ihren Äußerungen penibel aufgepasst haben, fühlen sich diese Mühen im Nachhinein fast schon so an, als seien sie umsonst gewesen. Früher oder später wird dies aber nicht mehr zu vermeiden sein, bei keinem einzigen Kind.

Das bedeutet natürlich nicht, dass Sie selbst einen Fehler gemacht haben – diese Einflüsse aus dem Umfeld des Kindes sind nicht zu steuern und lassen sich nicht verhindern. Das hat zwar zu diesem Zeitpunkt nicht mehr zwingend etwas mit der Sprachförderung zu tun, aber trotzdem haben Sie mit Ihrer Art zu sprechen immer noch einen großen Einfluss und die Vorbildwirkung auf Ihr Kind. Jetzt, wo Ihr Kind solche Ausdrücke also bereits kennengelernt hat, bedeutet das für Sie kein grünes Licht, um diese Wörter nun selbst regelmäßig in seiner Gegenwart zu benutzen. Dies würde nur die Annahme festigen, dass diese Wörter genauso harmlos sind wie alle anderen auch und regelmäßig benutzt werden können. Damit könnte es allerdings – gerade in diesem jungen Alter – sehr oft bei den Menschen in seinem Umfeld anecken und für negative Reaktionen sorgen. Vielmehr sollten Sie sich, sobald Sie so eine Situation bemerken, mit Ihrem Kind zusammensetzen und es darüber aufklären, dass diese Wörter eine besondere, negative Bedeutung haben und nicht einfach so benutzt werden sollten.

Das Vermitteln eines verantwortungsvollen Umgangs mit der Sprache ist viel wichtiger und vor allem effektiver, als wenn Sie es nur maßregeln würden, obwohl es gar nicht wirklich weiß, was es falsch gemacht hat. Wir halten fest: Schimpfwörter im Wortschatz Ihres Kindes sind kein Weltuntergang, denn wenn Sie weiterhin Ihre Vorbildwirkung wahrnehmen und mit gutem Beispiel vorangehen, dann wird Ihr Kind sich auch in Zukunft gut ausdrücken.

3. Grundprinzip: Beachten Sie auch die nonverbale Kommunikation!

Dies betrifft vor allem die Zeit, wenn Ihr Kind noch kleiner ist und sich noch nicht mit allzu vielen Worten ausdrücken kann. Wie wir aber bereits festgestellt haben, bedeutet das nicht, dass Ihr Kind sich dadurch kaum mitteilen kann: Es benutzt vorrangig seine Körpersprache, die Mimik und die Gestik. Auch vorsprachliche

Versuche wie das Brabbeln oder Lallen kommen zum Einsatz. Achten Sie also im Gespräch mit Ihrem Kind genau auf seine Bewegungen und die Laute, die es von sich gibt, und legen Sie Wert auf alles, was Sie beobachten können.

Wenn Sie sich also gerade mit jemandem unterhalten und Ihr Kind neben Ihnen auf seiner Spielmatte sitzt, lacht und fröhlich vor und zurück wippt, dann freuen Sie sich nicht nur zusammen mit Ihrer Begleitung und reden darüber, wie niedlich dieses Verhalten gerade ist – beziehen Sie das Kind ruhig mit ein! Setzen Sie sich daneben, sagen Sie ihm, dass Sie sehen, wie es sich freut und ob es Ihnen gern zeigen würde, was ihm solche Freude bereitet. Zeigt es dann beispielsweise auf sein Spielzeug, dann unterhalten Sie sich über dieses, zeigen die einzelnen Bestandteile, beschreiben die Farbe, ganz egal. Teilen Sie seine Freude und nutzen Sie gleich diese gute Gelegenheit, um seine Sprache zu fördern.

Ist Ihr Kind schon etwas älter und verfügt über einen größeren aktiven Wortschatz, dann können Sie durch solche Unterhaltungen auch zusätzliches Wissen vermitteln. Geht es beispielsweise gerade um einen Schmetterling, der das Interesse Ihres Schützlings besonders geweckt hat, dann lassen Sie ihn ruhig an Ihrem Wissen teilhaben. Erzählen Sie, was es für vielfältige Schmetterlingsarten mit ihren jeweiligen schönen Farben gibt, auf welchen Blumen sie besonders gern landen und alles, was Ihnen sonst noch dazu einfällt. Ihr Kind kann dann dazu beisteuern und hat vielleicht auch noch andere Beobachtungen gemacht, die Ihnen vorher noch nicht aufgefallen sind. Diese Konversationen vertiefen Ihre Bindung, animieren Ihr Kind zum Sprechen und motivieren Sie zusätzlich, sich über immer neue Themen zu informieren und Neues dazuzulernen, um Ihrem Kind die Welt möglichst umfangreich erklären zu können.

Aber auch bei diesem Grundprinzip gilt wieder: Achten Sie auch auf Ihre eigene, nichtsprachliche Kommunikation! Das bedeutet, dass Sie sich stets Ihrer eigenen Gestik, Mimik und Körpersprache bewusst sein sollten. Passen Sie sich immer dem Thema bzw. der Situation an. Generell sollte bei diesem Aspekt stets Freundlichkeit ausgestrahlt werden, allerdings nicht, wenn Sie beispielsweise über sein Verhalten enttäuscht sind oder es maßregeln müssen. Dann müssen Sie zwar nicht unbedingt so böse schauen, dass Sie ihm Angst einjagen, aber ernst und bestimmt sein. Wenn diese nonverbale Kommunikation mit Ihrem gesprochenen Wort übereinstimmt, senden Sie klare Signale und erleichtern es Ihrem Kind, Sie zu verstehen.

4. Grundprinzip: Gespräche mit Ihrem Kind sollen Dialoge werden!

Neben den bereits vorher behandelten Aspekten ist es ebenfalls sehr wichtig, dass Sie mit Ihrem Kind auch in einen wirklichen Dialog treten und ihm nicht immer nur selbst etwas erzählen. Natürlich ist die Möglichkeit bzw. der Umfang wieder einmal abhängig vom Alter des Kindes, aber sofern das geht, lassen Sie es möglichst viel selbst reden. Passen Sie sich auch hier unbedingt den Interessen und Vorlieben Ihres Kindes an.

Jedes Kind hat bestimmte Aktivitäten oder Einflüsse, die es besonders zum Plappern animieren. Bei manchen mag es das Durchblättern eines Bilderbuches sein, bei anderen die Zeit mit dem Haustier oder auch das gemeinsame Musizieren. Probieren Sie ruhig möglichst viele verschiedene Aktivitäten aus, dann wird Ihnen auffallen, wann Ihr Kind dazu neigt, besonders viel erzählen zu wollen. Wenn Sie nun eine Unterhaltung beginnen, dann ermöglichen Sie einen Dialog, damit Ihr Kind auch selbst zu Wort kommt und Sie sich immer abwechseln können. Dabei ist es wichtig, dass Sie genügend Sprechpausen einlegen, damit es auch wirklich die Möglichkeit hat, Ihnen zu antworten. Seien Sie geduldig – manchmal brauchen Kinder etwas länger, um ihre Gedanken zu ordnen und zu formulieren. So fördern Sie auch, dass es sich zusätzlich konzentriert und gezielt darüber nachdenkt, was es als Nächstes sagen könnte. Fallen Sie ihm außerdem möglichst nie ins Wort, selbst wenn es Schwierigkeiten haben sollte.

Wenn das Kind seinen Satz nicht beenden kann oder ihm das richtige Wort entfällt, dann versuchen Sie zu raten, und greifen Sie ihm unter die Arme, damit es seinen Gedanken anschließend beenden kann. Manche Kinder machen es sich außerdem gern einfach und antworten auf manche Fragen mit „Ja“ oder „Nein“, wenn dies möglich ist, um detaillierte Ausführungen zu vermeiden. Wenn Sie also Fragen formulieren, dann achten Sie darauf, dass diese möglichst offen sind und eine einsilbige Antwort hier nicht ausreicht, um Ihr Kind zum Sprechen zu animieren.

5. Grundprinzip: Feedback ist dringend erwünscht!

Genau wie bei Gesprächen mit anderen Erwachsenen leben die Interaktionen mit Ihrem Kind vom Feedback – einem der wichtigsten Bestandteile des aktiven Zuhörens. Zeigen Sie Ihrem Kind gegenüber genau das gleiche Interesse und fragen Sie rück, damit es seine Ausführungen weiter konkretisiert. Fassen Sie zwischendurch die wichtigsten Informationen und Aussagen zusammen, um zu zeigen, dass Sie genau zugehört haben.

Bestätigen Sie seine Darstellungen und drücken Sie Ihre Zustimmung bei Behauptungen aus, die Sie auch wirklich so vertreten. Wenn es Ihnen von seinen Gefühlen oder den Dingen, die es stören, erzählt, dann fassen Sie dies als einen Anreiz zur Besserung auf. Wenn es beispielsweise sagt, dass es nicht mag, dass Sie schnell enttäuscht sind, wenn es etwas nicht sofort schafft, dann ist das kein Zeitpunkt, um sich zu rechtfertigen oder sich anderweitig dazu zu äußern. Fühlen Sie sich davon nicht persönlich angegriffen!

Kinder sind sehr ehrlich in diesen Belangen, und wenn es Ihnen gegenüber äußert, dass es damit Probleme hat, dann können Sie davon ausgehen, dass Sie es durch Ihr Verhalten wirklich ein Stück weit verletzt oder gekränkt haben. Entschuldigen Sie sich dafür und fragen es, ob es sonst noch etwas auf dem Herzen hat oder ob es sich bestimmte Sachen wünscht. Zeigen Sie ihm, dass Sie sich für seine Gefühle und Bedürfnisse interessieren und sich mit ihm auf einer Ebene sehen.

Wenn Sie immer auf Ihrer Sicht der Dinge beharren und sich automatisch im Recht sehen, weil Sie der erwachsene Elternteil mit einer gewissen Autorität sind, dann wird es mit der Zeit das Gefühl bekommen, als wären seine Emotionen nichts wert und dass es Ihnen nur dann Freude bereiten kann, wenn es gehorcht und nicht, wenn es authentisch ist. Seien Sie also offen für einen ebenbürtigen Dialog mit Ihrem Kind!

6. Grundprinzip: Fehler oder Schwächen sind kein Weltuntergang!

Gehen Sie damit also auf eine ruhige Art und Weise um und zeigen Sie Geduld. Es ist noch kein Meister vom Himmel gefallen und gerade beim Sprechenlernen prasseln so viele Eindrücke und Regeln auf unsere Kinder ein, dass es oft holprig werden kann, was aber völlig normal ist. Gehen Sie also keinesfalls mit der Erwartung, dass es perfekt sprechen muss und die Grammatik vollständig beherrscht, in ein Gespräch hinein – erst recht nicht im Vorgrundschulalter. Sollte Ihr Kind Probleme haben, Sie zu verstehen, dann vereinfachen Sie Ihre Sätze. Wenn es Ihnen dann immer noch mit fragenden Blicken entgegnet, dann versuchen Sie, zusätzlich zu gestikulieren, um bestimmte Wörter zu beschreiben und Ihrem Kind so spielerisch die Bedeutung näherzubringen.

Wenn Ihr Kind Fehler beim Sprechen macht, dann grätschen Sie keinesfalls herein und verbessern es sofort – oft fällt es ihm schon selbst auf, es fühlt sich in der Folge „ertappt“ und schämt sich zusätzlich. Selbst, wenn es sich seines Fehlers nicht bewusst war, so demotiviert dieses Verhalten Kinder immens und nimmt ihnen den Spaß am Sprechen, was tunlichst vermieden werden sollte. Verbessern Sie Ihr Kind lieber indirekt! Sagt es beispielsweise: „Ich habe mit dem toten Auto gespielt.“, dann entgegnen Sie: „Mit dem roten Auto spielst du besonders gern, das habe ich schon gemerkt.“ Legen Sie ruhig zusätzliche Betonung auf das verbesserte Wort, aber belassen Sie es ansonsten dabei. Das Kind bemerkt seinen Fehler, fühlt sich aber nicht bloßgestellt und weiß, dass es nicht schlimm ist und es ruhig weiterreden kann.

7. Grundprinzip: Gut gemeint ist nicht automatisch gut!

Wenn Sie Ihr Kind in seiner Sprachentwicklung fördern wollen, dann ist es völlig nachvollziehbar, dass Sie ihm möglichst viel unter die Arme greifen wollen. Manche Bezugspersonen ändern dadurch aber teilweise ihr eigenes Sprachverhalten, ob bewusst oder unabsichtlich. Sie wollen das Kind dazu motivieren, mehr zu sprechen, verfolgen also durchaus gute Absichten, allerdings bewirkt dies oft das absolute Gegenteil. Hier wären einige **Beispiele und ihre Folgen:**

• **„Wenn du „Schokolade“ sagst, darfst du dir ein Stück nehmen.“** -> Das Kind durch etwas Süßes zu belohnen, was es nur allzu gern mag, animiert es doch bestimmt dazu, das schwierige „Sch“ auszusprechen, richtig? Nicht unbedingt. Dies wäre vielleicht dann sinnvoll, wenn das Kind sich weigert, diesen Laut oder dieses Wort richtig auszusprechen.

Es kann es aber schlichtweg noch nicht und dieser schöne Anreiz durch etwas Süßes kann eine gezielte Sprachförderung nun mal nicht ersetzen. Ihm dann eine Belohnung in Aussicht zu stellen, die es aber mit großer Wahrscheinlichkeit so nicht erhalten kann, baut unnötig Druck auf und kränkt das Kind. Aber auch bei Wörtern, die das Kind durchaus schon problemlos aussprechen kann, macht es wenig Sinn, es damit zu locken. Es wird sich schnell daran gewöhnen, dass es nur ein Wort oder einen knappen Satz sagen muss, um das zu bekommen, was es haben möchte – das wirkt sich dann wohl oder übel auf seine gesamte Sprache aus. Wenn es an der einen Stelle nur „Banane“ sagen muss, wieso sollte es dann an einer anderen Stelle „Darf ich bitte ein Glas Saft trinken?“ sagen? Kinder werden dadurch zur Einsilbigkeit erzogen und nicht genug dazu motiviert, längere Sätze zu bilden und das, was sie gern möchten, richtig auszudrücken.

• **„Los, sag doch mal „Auto"!"** -> Das Kind hat nun „Auto" gesagt, als eines vorbeigefahren ist. Und nun? Es hat zwar gezeigt, dass es das Wort aussprechen kann, aber das hat ihm in Bezug auf seine Sprachentwicklung absolut nichts gebracht. Der Grund dafür: Es hat „Auto" gesagt, weil seine Bezugsperson das wollte, und nicht, weil gerade eines vor ihm vorbeigefahren ist. Es kann diesen Zusammenhang noch gar nicht herstellen und hat folglich noch nichts gelernt. Besser ist es, wenn man sich mit seinem Kind an der Straße positioniert, die Fahrzeuge beobachtet und ihm erklärt, was es da gerade sieht. Früher oder später wird es dann auch von ganz allein auf eines zeigen und es erfolgreich benennen.

• **Die Bezugsperson redet von sich aus weniger, in der Hoffnung, dass das Kind dadurch mehr redet**. Ebenfalls eine Falschannahme. Vergessen Sie nicht, dass Kinder (im Gegensatz zu Erwachsenen) noch kein unangenehmes Schweigen kennen und nicht zwanghaft versuchen werden, mehr zu reden oder neue Gesprächsthemen einzubringen, um die Konversation am Laufen zu halten. Wenn es das Gefühl hat, dass das Gespräch beendet ist oder die Bezugsperson das Interesse daran verloren hat, dann wird es sich schlichtweg eine andere Beschäftigung suchen, auf die es seine Aufmerksamkeit lenkt. Kinder brauchen für ihre Sprachentwicklung genügend Anreize zum Sprechen. Diese bekommen sie nun mal nur dadurch, dass die Bezugspersonen möglichst viel mit ihnen reden.

Wenn Sie Ihr Kind also dazu animieren wollen, selbst mehr zu reden, so geben Sie ihm gute Vorlagen oder stellen Sie ihm Fragen, die es dann beantworten muss. Sie können auch so tun, als hätten Sie bestimmte Sachen vergessen – Ihr Kind wird Ihnen nur allzu gern helfen wollen, damit Sie darauf stolz sein können, was es bereits alles weiß. Ein Beispiel: „Ich finde deinen Ball so schön, ich glaube, wir sollten zusammen damit spielen. Welche Farbe hat er noch gleich? Der war doch ... du weißt schon ..." – „Er ist grün!"

• **Absichtlich so tun, als ob man sein Kind nicht verstanden hätte, damit es sich wiederholt oder seinen Satz umformuliert**. Das wird allerdings (bei genügend Wiederholungen) dazu führen, dass sich Sorgen in die Gedanken des Kindes einschleichen. Warum verstehen Sie es denn so häufig nicht? Spricht es so undeutlich oder macht sein Satz vielleicht gar keinen Sinn? Spricht es etwas doch falsch aus, obwohl es bisher dachte, dass es mit diesem Wort keine Probleme hat?

Es wird an sich zweifeln und nicht wissen, wo der Fehler nun eigentlich liegt. Dementsprechend wird es auch generell weniger sprechen wollen, um zu vermeiden, dass Sie es wieder nicht verstehen können und es Sie dadurch vielleicht sogar enttäuscht. Wenn Sie also wollen, dass sich Ihr Kind wiederholt, dann sagen Sie ihm das so. Wenn Sie möchten, dass es eine andere Formulierung anwendet, dann fragen Sie es, wie man diese Sache noch ausdrücken könnte, oder sagen ihm, was sonst möglich wäre, damit es sich das für die Zukunft merken kann.

• **Die Bezugsperson nimmt dem Kind das Sprechen ab**. Natürlich ist es schwer, dabei zuzusehen, wie das Kind bei bestimmten Worten oder Sätzen große Mühen hat und etwas mehr Zeit benötigt, um diese auszusprechen. Sie sollten aber keinesfalls dem Kind das Wort aus dem Munde nehmen! Es lernt nur dadurch, dass es selbst regelmäßig spricht und auch bewusst diese holprigen Stellen übt, um sie mit der Zeit meistern zu können. Wenn ihm diese Möglichkeit genommen wird, dann wird es zukünftig noch größere Schwierigkeiten damit haben, seine Spracherwerbsstörung zu überwinden.

• **Die Kinder sollen nachsprechen**. Hier gilt das Gleiche wie bei dem Punkt „Sag doch mal ____“, nämlich, dass die Kinder der Bezugsperson nur „blind“ nachsprechen, ohne daraus lernen zu können. Sie haben zwar dann die Vorlage, wie man diesen bestimmten Satz richtig ausspricht und formuliert, aber wissen nicht, warum und wozu.

Solange die grammatikalische Grundstruktur im kindlichen Gehirn noch nicht gefestigt ist, wird es ihm auch nicht helfen, x-beliebige Sätze nachzusprechen – es weiß dadurch trotzdem nicht, welche Regeln es anzuwenden hat, wenn es dann später darum geht, genau diese Sätze selbstständig zu formulieren. Kinder lernen nun mal dadurch (und nur dadurch), dass man Dialoge mit ihnen führt und sie dazu animiert, selbst zu sprechen.

• **Verniedlichte Sprache und Gesten werden bewusst vermieden**. Wir haben uns an einem vorherigen Punkt dieses Ratgebers bereits die „Kindersprache“ angeschaut, die sich durch eine höhere Tonlage, verniedlichte Worte und übertriebene Gestik und Mimik auszeichnet. Der Instinkt, diese bei Kleinkindern automatisch anzuwenden, hat aber durchaus seinen Sinn und erleichtert es unseren Kleinen, den Einstieg in die Welt der Sprache zu finden. Beherrscht man sich nun aber eisern und unterhält sich mit einem Kind grundsätzlich in einer Art und Weise, wie man es mit anderen Erwachsenen tun würde (nur mit etwas simpleren Worten und kürzeren Sätzen), so würde es vermutlich sehr verwirrt schauen und große Schwierigkeiten dabei haben, denjenigen zu verstehen. Gerade, wenn die Kinder noch sehr jung sind und gesprochene Worte kaum bis gar nicht verstehen, ist es umso wichtiger, dass man die Verbindung zu ihnen über Augenkontakt und eine ausdrucksstarke Mimik und Gestik herstellt. Würden Sie es nun mit einem normalen, nichtssagenden Gesichtsausdruck anschauen und Ihre Hände ebenfalls nicht zu Hilfe nehmen, um etwas zu umschreiben, dann würde es nicht wissen, was Sie gerade von ihm wollen.

Gerade in diesem Alter ist es auch essenziell, die Bindung durch gemeinsames Lachen zu stärken – scheuen Sie sich also nicht und blödeln Sie ruhig etwas mit Ihrem Kind herum. Sie verhätscheln Ihr Kind durch die anfängliche „Kindersprache" keineswegs, sondern helfen ihm zusätzlich und stärken Ihr Verhältnis zueinander ungemein. Kleinkinder kann man nicht mit Grundschulkindern oder Erwachsenen vergleichen, da sie ganz unterschiedliche Ansprüche haben und ihr Gehirn noch lange nicht vollständig ausgebildet ist. Dementsprechend ist es umso wichtiger, dass Sie Ihrem Kind durch Ihr eigenes Verhalten ein Stück weit entgegenkommen.

Die Grundprinzipien der Sprachförderung kurz zusammengefasst:
Kinder lernen durch häufige Interaktionen und eifern dabei ihren Bezugspersonen, die eine Vorbildfunktion einnehmen, nach. Achten Sie deswegen unbedingt auf Ihre eigene Kommunikation, wenn Sie mit ihnen in einen Dialog treten. Nutzen Sie so viele Gelegenheiten wie möglich, um dem Kind einen Anlass zum Sprechen zu geben, und sorgen Sie dafür, dass es sich verstanden und geschätzt fühlt: Nutzen Sie Ihre Körpersprache sowie die Mimik und Gestik, um Ihr Interesse zu zeigen und das Kind zusätzlich zu motivieren. Haben Sie Geduld und zeigen Sie ihm, dass es nicht schlimm ist, Fehler zu machen und Sie es dabei unterstützen werden, diese zu überwinden.

Wenn Sie diese Regeln befolgen, werden Sie Ihrem Kind eine große Hilfe dabei sein, seine Sprachentwicklungsstörung zu bewältigen.

BESONDERHEITEN BEI MEHRSPRACHIGEN KINDERN

Besondere Umstände gelten bei jenen Familien, die ihre Kinder von Grund auf zwei- oder mehrsprachig erziehen. Da der Spracherwerb also anders abläuft und mit den Kindern, die „nur" eine Muttersprache lernen, nicht verglichen werden kann, muss dementsprechend auch die Sprachförderung anders ausgerichtet und durchgeführt werden, wenn sie benötigt wird.

Eine große Chance

Natürlich bleibt es jeder Familie, bei der die Elternteile unterschiedliche Muttersprachen sprechen, selbst überlassen, ob beide Sprachen vermittelt werden sollen oder ob man sich für eine davon entscheidet – meist die des Landes, in dem man auch lebt. Das Erlernen einer Zweitsprache vom Kindesalter an bedeutet aber nicht nur eine zusätzliche Anforderung für die betroffenen Kinder, sondern bietet ihnen auch eine große Chance. Mehr als jeder zweite Mensch auf der Welt spricht mindestens zwei Sprachen und auch in Deutschland lassen sich bei einem Spaziergang durch die Straßen immer mehr verschiedene Sprachen wahrnehmen.

Wenn man an das spätere Berufsleben denkt, dann ist es fast unmöglich, nicht mit anderen Sprachen in Berührung zu kommen. Freilich unterscheidet sich die Notwendigkeit von multiplen Sprachkenntnissen je nach Berufszweig. Vor allem im wirtschaftlichen Sektor kann es immens von Vorteil sein, wenn man sich ohne Probleme mit Geschäftspartnern aus anderen Teilen der Welt verständigen kann. Mehrere Sprachen sind im Lebenslauf gern gesehen und werden immer gefragter, aber auch abgesehen von der Berufswelt bringt eine zweite Sprache einen weiteren großen Vorteil mit sich, nämlich die Kultur, die sie vermittelt. Das Kind wird durch seine Familie automatisch an die Bräuche und Traditionen herangeführt, auch wenn es nicht vollwertig in diese Kultur hineingeboren wurde.

Dadurch lassen sich auch sehr gut Brücken zu denjenigen Menschen schlagen, die neugierig sind oder auch gewisse Vorurteile gegenüber Menschen hegen, die aus einem anderen Land stammen. Das Kind (oder auch der Erwachsene im späteren Leben) kann dann diese Menschen in ihrer jeweiligen Muttersprache an die für sie noch unbekannte Kultur heranführen und ihnen deren Besonderheiten näherbringen. Eine gute Gelegenheit, um andere aufzuklären und das gegenseitige

Vertrauen zu stärken. Die meisten mehrsprachig aufwachsenden Kinder haben keine Schwierigkeiten damit, diese Sprachen zu erlernen. Die Mehrsprachigkeit kann also auch schulisch einen weiteren großen Vorteil bedeuten: Das Kind ist es bereits gewöhnt, die „Scheuklappen“, die eine Sprache manchmal mit sich bringt, abzulegen und sich für andere Regelwerke zu öffnen. Es weiß, dass es die grammatikalischen Regeln der (beispielsweise) deutschen Sprache komplett hinter sich lassen muss, um in der Schule diese neue Sprache zu erlernen. Es weiß, dass es noch andere Betonungen, andere Laute gibt.

Wo die einsprachig aufwachsenden Menschen manchmal Probleme haben und erst die Anforderungen der deutschen Sprache vergessen oder bewusst ignorieren müssen, um für das Sprechen der neuen Sprache bereit zu sein, sind mehrsprachige Kinder eher wie ein unbeschriebenes Blatt – sie können gleich damit beginnen, ohne erst etwas anderes löschen zu müssen. Die Sprachen, die inzwischen in den verschiedenen Schulformen vermittelt werden, werden immer vielseitiger: Neben Englisch sind oft die Klassiker Französisch, Russisch und Latein vertreten, aber auch Italienisch und Spanisch bahnen sich immer öfter ihren Weg in deutsche Klassenzimmer. Die Liste könnte ich jetzt wahrscheinlich noch um zig weitere Sprachen ergänzen. Wie Sie also sehen, gibt es eine breite Auswahl.

Für welche Sprache Ihr Kind sich letztendlich entscheidet, sollte ihm selbst überlassen sein. Bei manchen Sprachen kann es allerdings immens von seinem Vorwissen profitieren: Wächst es beispielsweise zuhause mit Deutsch und Italienisch auf, so könnte es ihm im Lateinunterricht leichtfallen, sich die Bedeutung vieler Wörter aus dem Italienischen abzuleiten. Es könnte also schneller ein besseres Sprachverständnis dafür entwickeln als Kinder, die in dieser Hinsicht komplett bei null anfangen.

Doch wie lernen mehrsprachig aufwachsende Kinder überhaupt diese Sprachen gleichzeitig?

Wie läuft der Spracherwerb normalerweise ab?

Zunächst ist festzuhalten, dass mehrsprachige Kinder deutlich mehr Zeit brauchen, um jede dieser Sprachen zu lernen. Das ist aber auch ganz normal, da die Kinder sich ja die doppelte Menge an Vokabeln, verschiedenen Lauten und grammatikalischen Regeln einprägen müssen – im Falle von Deutsch und Russisch beispielsweise sogar zwei verschiedene Alphabete. Außerdem kommen sie mit einer der beiden Sprachen (in der Regel jener, die nur zuhause bzw. unter den Verwandten gesprochen wird) wesentlich weniger in Berührung als mit derjenigen, die ihr restliches Umfeld, also die Freunde, die Erzieher und Lehrer oder auch die meisten Bewohner ihrer Stadt sprechen. Diese Sprachanreize müssen zuhause erstmal nachgeholt werden, um dieses Niveau erreichen zu können.

Sollten Sie also von dieser Situation betroffen sein, dann üben Sie möglichst viel mit Ihrem Kind, um es bestmöglich an die zweite, etwas benachteiligte Sprache heranzuführen. Wenn dies zeitlich möglich ist, so achten Sie darauf, dass jeder Elternteil die Sprache mit dem Kind spricht, die er als Muttersprache erlernt hat. Häufig beherrscht auch mindestens einer der Partner beide Sprachen flüssig, dennoch gibt es einen Unterschied zwischen einem deutschen Vater, der fließend Englisch spricht, und der amerikanischen Mutter, deren Muttersprache Englisch ist. Sollte aber der Elternteil, der die Zweitsprache spricht, selten pünktlich zuhause sein, dann kann natürlich auch der andere fleißig mit dem Kind üben.

Erwarten Sie allerdings nicht felsenfest, dass Ihr Kind beide Sprachen gleichermaßen beherrscht und beide seine Muttersprachen werden. Dazu sind die Unterschiede zu groß und die Gelegenheiten, beide dieser Sprachen in gleichem Ausmaß verwenden zu können, zu gering. Was aber bewerkstelligt werden kann: Eine nahezu perfekte Ausdrucksweise in beiden Sprachen, wenn die Zweitsprache zuhause regelmäßig gesprochen wird und es auch zu zusätzlichen Sprachanlässen kommt, beispielsweise bei einem Familientreffen, bei dem dann ausdrücklich nur diese eine Muttersprache gesprochen wird und das Kind nicht die Möglichkeit hat, auf die andere Sprache, die es vielleicht etwas besser beherrscht, auszuweichen.

Man wird immer ein paar kleine Holperstellen merken, wenn das Kind dann die Zweitsprache spricht. Vielleicht kann es bestimmte Laute oder Wörter nicht ganz korrekt aussprechen, vergisst die richtige Betonung oder ihm fällt der richtige Begriff nicht ein. Dennoch wird es dazu in der Lage sein, sich gut zu verständigen. Die andere Konstellation, die eintreten könnte, wäre folgende: Die Kinder verstehen den Elternteil mit der Zweitsprache perfekt, antworten ihm aber meist in der anderen Sprache.

Das liegt daran, dass das Kind diese Zweitsprache selbst zu wenig geübt hat und sich darin nicht sicher fühlt. In der anderen Sprache wächst sein Wortschatz dafür stetig an und es hat tagtäglich die Gelegenheit, mit den anderen Menschen in seinem Umfeld das Sprechen zu üben, es kann sich darin also viel besser ausdrücken. Dieses Ungleichgewicht kann auch das Lesen oder Schreiben betreffen. Gerade in dem zuvor erwähnten Beispiel mit Russisch als Zweitsprache würde das Kind bei ausreichender Übung zwar gut sprechen und auch verstehen können, aber wenn das eigentliche Lesen und Schreiben dieses Alphabetes nicht geübt wird, dann wird es große Probleme dabei haben, diese Aspekte der Sprache genauso zu beherrschen wie das Hören und Sprechen.

Wollen Sie also Ihrem Kind beide Sprachen bestmöglich beibringen, dann achten Sie unbedingt darauf, ihm alles rund um die Zweitsprache beizubringen und tagtäglich mit ihm zu sprechen. Bücher, in denen es mitlesen oder aus denen es vorlesen kann, sind unerlässlich. Wenn Sie merken, dass die Hauptsprache deutlich überwiegt und es am liebsten nur noch in dieser spricht, dann lassen Sie sich davon nicht entmutigen – es ist keineswegs alles verloren. Üben Sie dann umso fleißiger die entsprechenden Vokabeln mit ihm und ermutigen Sie es, ruhig in der Zweitsprache zu sprechen, auch wenn es unsicher sein sollte oder Fehler macht. Seien Sie ihm dafür nicht böse, auch wenn einige Fehler sich öfter wiederholen werden, als Ihnen das vielleicht lieb ist. Auf mehrsprachig aufwachsenden Kindern lasten ein großer Druck und noch größeres Wissen, was das kleine Gehirn erst einmal verarbeiten und abspeichern muss. Seien Sie also geduldig, Ihr Kind wird es schließlich schaffen.

Sprachförderung in mehrsprachigen Haushalten

Wenn Sie Ihrem Kind nun zusätzlich unter die Arme greifen und seinen Spracherwerb fördern möchten, dann gelten zunächst die gleichen Grundsätze wie bei einsprachigen Kindern auch: Die Kleinen lernen am besten spielerisch und durch ganz viel Spaß beim Sprechen. Setzen Sie sich also nicht wie ein Lehrer mit ihm hin und büffeln bestimmte Aufgaben durch, sondern nutzen Sie Spiele oder ganz normale Alltagssituationen, um ihm die sprachlichen Anreize zu bieten.

Wenden Sie die Grundprinzipien der Sprachförderung an: Zeigen Sie Ihrem Kind, dass Sie seinen Erzählungen interessiert zuhören, lassen Sie es aussprechen und nehmen Sie es als gleichgestellten Gesprächspartner ernst, fassen Sie seine Worte zusammen und wiederholen Sie sie in einfachen Sätzen, um es zusätzlich zu bekräftigen und das Gesagte (in korrekter Grammatik und Aussprache) zu festigen. Fördern Sie aber nicht nur eine Sprache, sondern zeigen Sie ihm, dass beide Sprachen gleichermaßen wichtig sind. Bauen Sie viele Sprachspiele in Ihren Alltag ein

– probieren Sie sich ruhig durch Kapitel III durch, diese Spiele lassen sich in jeder beliebigen Sprache durchführen und sorgen in jeder Familie für Spaß.

Sollten Sie dennoch das Gefühl haben, dass Ihr Kind Probleme beim Erwerb der jeweiligen Sprache(n) hat, dann lassen Sie sich beraten. Machen Sie sich keine Sorgen, wenn es dabei um eine andere Sprache als Deutsch gehen sollte – heutzutage gibt es vielfältige Anlaufstellen und Angebote, die jeweilige Sprache wird also auch berücksichtigt und kann dahingehend beurteilt werden, ob Ihr Kind vielleicht Spracherwerbsstörungen entwickelt hat oder ob ein therapeutisches Eingreifen überhaupt vonnöten ist. Sie können sich an Logopäden, Kinderärzte, interkulturelle Anlaufstellen oder auch Sprach- und Hörberatungsstellen wenden.

DIE VERSCHIEDENEN MÖGLICHKEITEN DER SPRACHFÖRDERUNG

Es gibt unterschiedliche Arten, wie die Sprachförderung bei jedem Kind gestaltet werden kann. Man teilt sie grob in die Förderung im Alltag (durch Eltern bzw. Bezugspersonen generell) und die Förderung im Kindergarten ein.

Ihnen steht auch als ungeschulte Person eine gute Auswahl an Möglichkeiten zur Verfügung, mit denen Sie Ihrem Kind bei seiner Sprachentwicklung helfen können. Neben den zuvor erwähnten Ansätzen und den Sprachspielen aus Kapitel III, die sich leicht in Ihren Alltag integrieren lassen, wollen wir uns jetzt einer anderen Option widmen, womit Kinder sehr gut gefördert werden können: Bücher.

Die Bedeutung von Büchern für die kindliche Entwicklung

Bücher sollten bereits von Beginn an einen festen Bestandteil im Alltag mit Ihrem Schützling einnehmen. Beispielsweise über die Gute-Nacht-Geschichte, die Papa ihm jeden Abend zum Einschlafen vorliest. Auch wenn die Kleinen zunächst noch nicht viel (wenn überhaupt etwas) verstehen mögen, so werden sie nicht nur durch die beruhigende Stimme in den Schlaf geleitet, sondern lernen gleichzeitig die Sprachstruktur kennen. Sie hören die verschiedenen Laute und nehmen die Sprachmelodie auf. Wenn Ihr Kind bereits etwas älter ist und langsam immer mehr versteht, so helfen die Geschichten auch optimal dabei, seinen passiven Wortschatz zu erweitern.

Aber auch die visuellen Reize sind beim Vorlesen von großem Vorteil, weshalb Sie auch oft auf Bilderbücher zurückgreifen sollten. Setzen Sie sich dafür mit Ihrem Kind zusammen und lassen Sie es die Bilder angucken, während Sie die Geschichte so spannend wie möglich vorlesen. Wenn das Bilderbuch noch über bewegliche Elemente verfügt – beispielsweise Tiere, die man hin und her schieben kann, oder lustige Fingerpuppen –, umso besser. Vielleicht macht das Buch ja auch Geräusche oder spielt Melodien ab? All diese zusätzlichen Eindrücke steigern das Interesse und die Aufmerksamkeit Ihres Kindes. Es stellt sich (wie wir Erwachsenen auch) das Vorgelesene bildlich vor und versucht, die Geschichte in seiner Fantasie nachzuvollziehen; da ist es umso besser, wenn der Hase im Buch auch wirklich vor ihm herumhoppelt. Bilderbücher fördern also zusätzlich die Kreativität und Vorstellungskraft.

Außerdem bietet sich durch Bücher und Vorlesen die perfekte Möglichkeit, um dauerhafte, schöne Erinnerungen zu schaffen und zu festigen. Denken Sie selbst einmal zurück – vielleicht erinnern Sie sich ja auch noch sehr gut daran, wie Ihre Eltern Ihnen als Kind eine bestimmte Geschichte vorgelesen haben, die Sie damals besonders toll fanden. Möglicherweise wissen Sie ja auch gar nicht mehr, um welche Geschichte es sich genau handelte, sondern können sich nur noch daran erinnern, wie sich Ihre Eltern besondere Mühe dabei gaben, die einzelnen Tiere mit ihrer Stimme zum Leben zu erwecken und das Gefühl der Geschichte überzeugend zu transportieren. Genau solche schönen Erinnerungen können Sie nun Ihrem Kind ermöglichen, also sehen Sie das Vorlesen aus einem Bilderbuch nicht als eine x-beliebige Aufgabe, die es im Laufe Ihres Tages zu erledigen gilt, sondern als Herausforderung und Möglichkeit, die Eltern-Kind-Bindung konsequent zu stärken.

Zusätzlich dazu sind die Geschichten aus Bilderbüchern meist mehr als bloße Erzählungen ohne einen größeren Sinn, vielmehr vermitteln sie eine wichtige Botschaft. Es geht um grundlegende Konzepte oder Probleme: Wie vertrage ich mich mit einem Freund, den ich durch mein Verhalten verletzt habe? Wie gehe ich mit jemandem um, der mich ärgern will? Was kann ich tun, wenn ich mich niedergeschlagen fühle und allein nicht mehr aus diesem Trott herausfinde? Zu all diesen Themen suchen die Kinder gemeinsam mit ihren Eltern eine Lösung und fiebern mit, wie sich die Geschichte noch entwickeln wird. Moralische Vorstellungen können so spielend leicht vermittelt werden und auch kulturelle Aspekte bzw. Unterschiede lassen sich einfach durch verschiedene Tiere darstellen.

Wann immer Fragen aufkommen oder die Kinder mehr wissen wollen, haben sie mit Ihnen einen Ansprechpartner, der ihnen weiterhelfen kann. Es werden also auch zwei besonders wichtige Aspekte trainiert: soziale Kompetenz und emotionale Intelligenz. Am Vorbild von Hase, Bär oder Tiger orientiert sich das Kind und lernt, welche Verhaltensweisen gut und welche schlecht sind, damit ein harmonischer Umgang mit anderen entstehen kann. Außerdem lernt es so, sich in andere hineinzuversetzen und das Gespür dafür zu kriegen, dass es viele verschiedene Menschen mit unterschiedlichen Charakterzügen und Erfahrungen gibt, die es allerdings zu verstehen und nicht sofort zu verurteilen gilt, auch wenn sie einem vorerst unsympathisch erscheinen mögen. Probieren Sie also ruhig viele verschiedene Bücher und Geschichten aus!

Altersgerechte Anpassung

Es versteht sich auch beim Vorlesen bzw. gemeinsamen Lesen, dass man den Input dem Alter des Kindes anpassen muss. Einem Baby oder Kleinkind eine anspruchsvollere Geschichte stur aus einem Buch heraus vorzulesen, wäre genauso logisch, wie es in die Kleidung eines 5-Jährigen zu stecken: Alles möglich, aber nicht sinnvoll und vor allem nicht zielführend. Trotzdem gibt es kein Mindestalter, bis zu dem Sie warten müssen, um dem Kind etwas vorlesen zu können – ganz im Gegenteil, je früher Sie damit beginnen, desto besser.

Suchen Sie sich aber für den Anfang sehr einfache Geschichten aus, idealerweise aus Kinderbüchern mit besonders großen Bildern. Wenn Sie sich etwas verunsichert fühlen, weil das Baby die Geschichte ja höchstwahrscheinlich noch nicht versteht, dann müssen Sie sie nicht unbedingt ganz vorlesen. Sie können auch einfach improvisieren und etwas zu den schönen bunten Bildern erzählen oder Sie denken sich einfach eine andere, kürzere Geschichte aus. Diese muss nicht unbedingt viel Sinn ergeben: In den ersten Monaten ist es ausreichend, dass Ihr Kind über das Vorlesen den Zugang zur Sprache erhält und die Bindung zu Ihnen stärken kann.

Sie müssen auch nicht zwingend täglich vorlesen, denn gerade bei immer denselben, wiederkehrenden Geschichten kann das schnell ermüdend und anstrengend werden. Nehmen Sie dann ruhig Lieder- oder Reimbücher zu Hilfe und tragen Sie Ihrem Kind etwas daraus vor. Auch Fingerspiele, bei denen kleine Abenteuer erzählt werden, kommen sehr gut an. Um die Vorlieben Ihres Kindes müssen Sie sich ebenfalls nicht sorgen, da alle Kinder in den ersten Jahren dieselben Themen mögen.

Erst mit ca. 3 Jahren beginnen die Kinder, sich für die Geschichten an sich zu interessieren und diese wirklich zu verstehen, mit 4 Jahren entwickeln sich dann frühestens persönliche Interessen und sie könnten damit anfangen, gewisse Geschichten nicht mehr hören zu wollen; dafür möchten sie dann mehr über ganz andere Themen erfahren. Machen Sie auch nicht den Fehler, sofort das Vorlesen einzustellen, wenn Ihr Kind in die Grundschule kommt! Viele Eltern mögen sich dann sagen, dass ihr Schützling ja eh das eigenständige Lesen lernt oder dass es ihm peinlich sein könnte, wenn seine Freunde mitkriegen, dass seine Eltern ihm immer noch etwas vorlesen. Jedoch hat dies gerade zu Beginn seiner Schulzeit einen großen Vorteil, nämlich dass es ihm seinen eigenen Lesefortschritt erheblich erleichtert.

Kinder haben besonders zu Beginn noch sehr große Probleme mit dem Lesen und sie benötigen viel Zeit, um einzelne Sätze richtig lesen zu können. Setzen Sie sich daher regelmäßig mit Ihrem Kind zusammen und lassen Sie es mit in das Buch schauen. Wie Sie dann vorgehen, ist völlig Ihnen überlassen: Sie können sich beispielsweise mit Ihrem Kind abwechseln und jeweils einen Satz lesen. Sie können einfach nur langsam und deutlich vorlesen und das Kind dabei mitlesen lassen, damit es sich voll und ganz auf Ihre Aussprache konzentrieren und diese verinnerlichen kann. Um ihm zusätzlich zu helfen, können Sie Ihren Finger mitführen und jeweils unter das Wort schieben, das Sie gerade vorlesen.

Nachfolgend erhalten Sie eine grobe Auflistung, welche Art von Büchern sich für Kinder verschiedener Altersgruppen eignen:

- **3 Monate und älter:** Bei den Büchern für die Allerkleinsten liegt der Fokus auf dem, was sie ertasten können. Natürlich hören Babys trotzdem liebend gern die Stimmen ihrer Bezugspersonen und lassen sich von Geschichten in den Schlaf begleiten, allerdings möchten sie auch bereits selbst damit beginnen, spielerisch die Welt zu erkunden. Da sie sich also zunächst auf ihren Tastsinn verlassen müssen, erhalten sie über entsprechende Bücher einen guten Draht zu ihrer Umwelt. Sie finden großen Gefallen an kleinen Bällen, Rasseln, weichen Stoffen oder Ähnlichem. Halten Sie Ausschau nach Büchern, die zusätzlich zu anfassbaren Elementen auch lustige Geräusche oder Melodien abspielen.

Sie sollten außerdem auch optisch ansprechend und schön bunt gestaltet sein, um zusätzlich die Aufmerksamkeit Ihres Babys zu wecken. Zusammengefasst lieben Kinder diesen Alters also sowohl die bloßen Einflüsse (dieser Stoff ist weich, die Melodie ist schön ...) als auch die Erkenntnis, dass auf ihr Handeln bestimmte Reaktionen erfolgen: Wenn Sie auf diesen Knopf drücken oder die Seite öffnen, dann spielt ein Geräusch. Wenn Sie an dem per Klettverschluss befestigten Kuscheltier ziehen, dann löst es sich und sie können es näher betrachten oder richtig mit ihm spielen.

Diese Bücher können ebenso ein Selbstläufer sein, der nicht einer konstanten Begleitung durch eine Bezugsperson bedarf – vielmehr beschäftigen sich die Kinder auch selbstständig damit und befriedigen ihre Neugier. Wenn Sie sich also in stressigen oder langwierigen Situationen befinden, während denen Sie sich nicht allzu viel mit Ihrem Baby beschäftigen können (beispielsweise während einer langen Autofahrt in den ersten gemeinsamen Urlaub, in einem Wartezimmer ...), bieten reich bebilderte oder interaktive Bücher eine einfache, gute Alternative, die Ihren Schützling beschäftigen und bei Laune halten kann.

- **1 Jahr und älter:** Musik und vielfältige Geräusche bleiben interessant und erfreuen sich großer Beliebtheit, aber auch bunte Farben lassen sich nach wie vor in den meisten Büchern finden. Nun kommt langsam die Sprache hinzu, die den Kleinen spielerisch einzelne Aspekte des Lebens näherbringt. Ihnen werden dadurch bestimmte Sachen möglichst simpel erklärt: wie viele Finger es hat, wie man richtig isst, auf was für Tiere man in seiner Umwelt so treffen könnte usw.

Die Aufmerksamkeit des Kindes wird durch viele verschiedene Eindrücke gesichert: lustige Reime, süß gestaltete Figuren und Tiere, bewegliche Elemente. Auch leichte Suchbilder eignen sich schon für Kinder über einem Jahr.

- **3 bis 5 Jahre:** Nun wird es schon etwas anspruchsvoller, da die Kinder inzwischen viel dazugelernt haben und den Großteil ihrer Umwelt bereits begreifen können. Immer mehr richtiger Text bahnt sich seinen Weg in die Bücher und Sie als Eltern können nun etwas vorlesen, anstatt sich größtenteils Geschichten zu einzelnen Bildern ausdenken zu müssen. Bei vielen Büchern werden nach kurzen Sätzen oder Geschichten einige Fragen aufgelistet, die sich die Kinder insgeheim stellen könnten oder zusätzliche Informationen vermitteln sollen. Diese können Sie dann beantworten. Die Kinder vermögen langsam bestimmte Sachen auseinanderhalten: verschiedene Farbtöne, Zahlen, Buchstaben. Um ihr Wissen zu beweisen, lösen sie liebend gern Wimmelbilder. Aber auch etwas sachlichere Bücher, die mehr auf die spielerische Vermittlung von Wissen ausgerichtet sind, sind gern gesehen. Da ihr Wissensdurst unermüdlich ist, haben die verschiedenen Bücher also durchaus die Chance, sich zum liebsten Zeitvertreib Ihres Kindes zu mausern.

Dass das gemeinsame Lesen zu einem festen täglichen Ritual geworden ist, teilen Sie am besten auch Ihrer Familie oder Ihren Bekannten mit, denn Bücher eignen sich während dieser Zeit ideal als Geburtstagsgeschenke und sorgen nicht selten für noch mehr Spaß als manche Spielzeuge, die nach einigen Minuten bereits in der nächsten Ecke gelandet und uninteressant geworden sind. Wenn Sie zwischendurch für neuen Lesestoff sorgen wollen, dann gehen Sie ruhig zusammen mit Ihrem Kind einkaufen und lassen Sie es selbst entscheiden, was es als Nächstes lesen möchte.

- **6 Jahre und älter:** In diesem Alter ist die Sprachförderung in den meisten Fällen bereits abgeschlossen, dennoch ist das regelmäßige Lesen nach wie vor sehr förderlich für die kindliche Entwicklung, weswegen Sie auch weiterhin darauf achten sollten, für neuen Lesestoff zu sorgen. Da die Kinder bereits eingeschult wurden, sie mit der Schriftweise der Sprache immer vertrauter werden und ihr Wissen stetig anwächst, werden auch die Geschichten anspruchsvoller. Das Gehirn will nun besonders gefördert werden und sehnt sich nach neuen Hürden, die es zu meistern gilt. Dementsprechend treten die optischen Anreize, die den Einstieg in die deutsche Sprache mit niedlichen Bildern, vielen Farben usw. erleichtert haben, nun immer weiter in den Hintergrund und der Fokus liegt zunehmend auf den eigentlichen Geschichten und auf dem Text.

Die Interessen der Kinder werden immer spezifischer und entwickeln sich in bestimmte Richtungen. Sie wollen nun weniger über das Häschen auf dem Feld und den Igel im Garten erfahren, sondern mehr über die spannenden Abenteuer, die in ihrer Fantasie stattfinden könnten. Die Protagonisten der Bücher wandeln sich und nun sind es mutige Ritter, die gegen Drachen ankämpfen müssen, schlaue Prinzessinnen mit einem geheimen Doppelleben oder auch Zauberer, denen so einige lustige Fehler passieren, welche die Vorstellungskraft der Kinder beflügeln. Eine Fülle an Autoren hat sich auf solche Kinderbücher spezialisiert, Ihnen steht also eine Vielzahl an Büchern und Fantasiewelten zur Verfügung, die Ihr Kind erkunden kann. Hat es sich besonders in eine Geschichte vernarrt und die darin vorkommenden Charaktere liebgewonnen, so stehen oft auch Fortsetzungen zur Verfügung.

• **8 bis 12 Jahre:** In diesem Alter können die meisten Kinder schon komplett selbstständig lesen. Die Bücher dienen nun dazu, sie dabei zusätzlich zu stärken und die noch häufig auftretende Unsicherheit beim Lesen Stück für Stück zu überwinden, damit sie in dieser Hinsicht sattelfester werden. Abenteuergeschichten sind nach wie vor sehr beliebt, aber auch ernstere Themen und altersgerechte Krimi-Geschichten sind nun von Interesse. Es müssen aber nicht ausschließlich Romane sein, auch ansprechend und nicht zu trocken geschriebene Sachbücher, die Wissen vermitteln, können sich des Öfteren ihren Weg in die kindlichen Hände bahnen.

Gerade für Kinder diesen Alters lohnt sich die Mitgliedschaft in einer Bibliothek – hier kann das Kind selbst bestimmen, was es wann lesen will, und erhält die größtmögliche Abwechslung bei einem Bruchteil der Kosten, die Sie sonst auf sich nehmen müssten, wenn Sie jedes gewünschte Buch im Buchhandel erwerben würden. Zudem sind die Kinder dann meist schon in der Lage, sich ohne erwachsene Begleitung zur Bibliothek zu begeben, wenn sie sich in der Nähe befindet.

Dies fördert zusätzlich die Selbstständigkeit und bekräftigt das Kind darin, dass es ein eigenständiger Mensch ist, der nicht für jeden Weg oder jede Entscheidung die Hilfe seiner Eltern benötigt. Außerdem wird es noch einmal dafür sensibilisiert, sorgsam mit den Büchern umzugehen und sich an die Fristen der Bibliothek zu halten, damit andere Kinder sich nach ihm genauso daran erfreuen können wie es selbst.

Was in diesem Alter ebenfalls möglich wird: Durch die anspruchsvollere Lektüre kann sich Ihr Kind nun mit Ihnen über das Buch unterhalten und Ihnen erzählen, was darin passiert ist und was es darüber denkt. Dieser rege Austausch ermöglicht es, dass Sie Ihr Kind einerseits im Hinblick auf seine Interessen und Vorlieben besser kennenlernen, aber auch ein tieferer Einblick ist so relativ leicht möglich: In den meisten Romanen lassen sich bestimmte Moralvorstellungen oder die Verkörperung bestimmter Eigenschaften oder Schicksale durch verschiedene Charaktere finden.

Was Ihr Kind über diese zu sagen hat, drückt viel darüber aus, wie es selbst denkt und worauf es Wert legt. Wenn Sie selbst auch gern lesen, dann schlagen Sie Ihrem Kind ruhig auch Bücher oder Themenbereiche vor, die ihm gefallen könnten – das stärkt zusätzlich die Bindung und hebt das gegenseitige Verständnis wieder auf eine neue Ebene, da Sie ihm so wiederum zeigen, wie sehr Sie sich für seine Interessen interessieren oder ihm etwas Gutes tun möchten.

Letztere Ausführungen haben, wie bereits erwähnt, zwar keine relevante Bedeutung mehr für die Sprachförderung oder auch die bloße Sprachentwicklung, allerdings ist die Bedeutung der Bücher auch lange über die Zeit des Schuleintritts hinaus nicht zu unterschätzen. Sie helfen stets – ungeachtet des sprachlichen Niveaus Ihres Kindes – dabei, den Wortschatz zu erweitern oder auch bestimmte Formulierungen zum eigenen Sprachverständnis hinzuzufügen, auf die man sonst vielleicht nicht gestoßen wäre.

Die Bücher ermöglichen es den Kindern, sich differenzierter auszudrücken, viele neue Sachen dazuzulernen oder manchmal auch einfach nur abzuschalten, wenn eine Pause von der Realität dringend notwendig ist. Sehen Sie Bücher also nicht als bloßes Mittel zum Zweck an, um Ihrem Kind das Erlernen seiner Sprache zu erleichtern, sondern als wertvolle Bereicherung seines Alltags in jedem Alter. Um eine breit gefächerte Auswahl zu erhalten, sollten Sie stets an verschiedenen Stellen bzw. in verschiedenen Läden nach geeigneten Büchern Ausschau halten. Spielbücher und Bilderbücher für die Kleinsten lassen sich beispielsweise nur sehr selten in der Buchhandlung finden, dafür aber in Spielwarengeschäften.

Erst, wenn die Kinder sich immer weiter Richtung Grundschulalter bewegen, werden Sie im normalen Buchladen fündig. Magazine für zwischendurch lassen sich in Drogerien und Supermärkten finden. Bibliotheken sind, wie bereits festgestellt, eine gute und preiswerte Alternative, jedoch ist die große Auswahl trotzdem nicht allumfassend und so kann es häufig vorkommen, dass Bücher vergriffen oder schlichtweg nicht Teil des Sortimentes sind, obwohl Ihr Kind sie liebend gern lesen würde. Im Internet lassen sich dafür so gut wie alle Bücher finden und sind jederzeit sofort verfügbar, aber es ist auch völlig verständlich, wenn Sie darauf lieber verzichten wollen und den lokalen Handel unterstützen möchten. Auch bei Tauschbörsen oder Flohmärkten kann man oft Glück haben und gut erhaltene Kinderbücher finden. Es gibt also immer Möglichkeiten, um an passende Bücher zu kommen, egal, wie groß der Geldbeutel ist oder wie viel Zeit Ihnen zum Stöbern zur Verfügung steht. Lassen Sie diese Gelegenheiten zur Sprachförderung also nicht ungenutzt und helfen Sie Ihrem Kind zusätzlich dabei, seine Fantasie zu entfalten!

Im Kindergarten

Kindertagesstätten sind nicht nur dafür geeignet, dass Ihr Kind den Tag über behütet und bespaßt wird, während Sie durch Ihre Arbeit oder sonstige Tätigkeiten nicht die Möglichkeit dazu haben, selbst auf es aufzupassen. Vielmehr verfolgen sie auch einen klaren Bildungsauftrag, welcher sogar in jedem Bundesland gesetzlich verankert ist. Da das Beherrschen der deutschen Sprache eine Kernkompetenz darstellt, die für ein reibungsloses Einfügen in unsere Gesellschaft notwendig ist, wird besonders viel Wert darauf gelegt, im Kita-Alltag auch viel Sprachförderung zu betreiben.

Vorteile

Die Erzieher sind speziell darauf geschult, die Sprachentwicklung der einzelnen Kinder positiv zu begleiten. Durch ihre tägliche und langjährige Erfahrung haben sie außerdem ein besonderes Gespür dafür entwickelt, welche Kinder welche Bedürfnisse haben, wie man sie am besten in Gespräche einbindet und auch, wo sich Probleme zu entwickeln drohen. Durch die ungefähr gleichaltrigen Kinder in den einzelnen Gruppen lässt es sich daher auch einfacher erkennen, welche Kinder in ihrer Entwicklung eventuell hinterherhinken und nicht in dem Umfang an Konversationen teilhaben können, wie es die anderen Kinder tun. Ihnen würde dies deutlich schwerer fallen, gerade wenn Ihr Kind ein Einzelkind ist und Sie schlichtweg nicht diesen Vergleich vor Augen haben können.

Die Erzieher wissen in diesen Fällen genau, was zu tun ist und wo sie ansetzen müssen, um die Kinder zu fördern. Die Spiele oder Übungen wirken dabei mehr wie ein Rundumschlag, bei dem alle Bestandteile der Sprache gleichermaßen behandelt werden können. Ein gezieltes Rauspicken einzelner Aspekte wäre bei der Masse an Kindern auch schlichtweg nicht möglich, da jedes Kind auf eine andere Art und Weise Hilfe benötigt und dies aus Zeitmangel nicht zu bewerkstelligen wäre. Der Vorteil dessen ist, dass so alle Kinder gleichermaßen unterstützt werden. Außerdem werden durch die vielen Spiele und Gruppenaktivitäten zahlreiche Anreize zum Sprechen geschaffen, einzelne Kinder haben also nicht die Möglichkeit, sich herauszuwinden und es zu umgehen, selbst sprechen zu müssen.

Die Erzieher haben sie stets genau im Blick und lassen es nicht zu, dass diese sich ausgrenzen. Dadurch wird auch eine starke Sozialkompetenz vermittelt und das Zusammengehörigkeitsgefühl innerhalb der Gruppe wird gestärkt – die Kinder lernen, jedes andere Mitglied zu akzeptieren und zu respektieren, egal, ob sie es wirklich mögen oder ihm sonst lieber aus dem Weg gehen würden. Auch die kommunikative Kompetenz spielt im Kindergartenalltag eine besondere Rolle.

Natürlich werden auch Sie als Elternteil in Ihrer Erziehung alles daran setzen, dass Ihr Kind höflich zu anderen ist, um etwas bittet oder sich entschuldigt, wenn es angemessen ist. Allerdings bezieht sich dies meistens (vor allem bei Einzelkindern) auf Erwachsene, und weniger auf andere Kinder. Schließlich trifft sich Ihr Kind ja nicht tagtäglich mit seinen Spielkameraden, und selbst wenn sie dann spielen, kommt es selten zu Reibereien, da sie untereinander bereits eine gewisse Bindung aufgebaut und die Grundzüge eines respektvollen Umgangs miteinander verinnerlicht haben – immerhin handelt es sich um einen guten, wenn nicht sogar den besten Freund, mit dem man sich möglichst schnell wieder vertragen möchte, um weiterspielen zu können.

Im Kindergarten sieht dies anders aus, die Gruppe ist bunt zusammengewürfelt und enthält die verschiedensten Charaktere. Trotzdem müssen die Kinder lernen, sich anzupassen und auch mit den Kindern kommunizieren zu können, die ihnen nicht den gleichen Respekt und die gleiche Freundlichkeit entgegenbringen. Sie lernen, dass Gewalt keine Lösung ist, egal, wie frustriert sie auch darüber sein mögen, dass Tom ihr Lieblingsspielzeug schon seit einer Stunde für sich beansprucht und es selbst auf mehrfache Anfrage hin nicht hergeben möchte. Die Erzieher haben stets ein Auge auf die Kommunikation der Kinder untereinander und achten darauf, dass sich diese in einem akzeptablen Rahmen hält. Das lässt sich auch spielerisch, beispielsweise bei Rollenspielen, trainieren: So ergibt sich eine lockerere Atmosphäre für die Kinder und sie hegen nicht so schnell einen Groll, wenn andere sich ihnen gegenüber falsch verhalten, da alles Teil des Spiels ist.

Verschiedene Methoden und Spiele

Wie wir bereits festgestellt haben, ist das Erlernen der Sprache zwar eine regelrechte Mammutaufgabe, wenn man die Fülle der Aspekte betrachtet, die jedes Kind verinnerlichen und nach ein paar Jahren möglichst fehlerfrei beherrschen muss. Im Gegensatz dazu steht dann aber die doch relativ simple Art und Weise, auf die die Kinder sie tatsächlich erlernen. Übung macht den Meister, es bedarf keiner Experten oder komplizierten Methoden, damit die Kinder dabei Erfolg haben können. Und auch, wenn die Pädagogen in den Kindertagesstätten eine weitaus fundiertere Ausbildung im Hinblick auf die kindliche Sprachförderung erhalten haben als ein Otto-Normalverbraucher-Elternteil, so hat es sich in der Praxis durchgesetzt, dass auch die Erzieher keine komplexen Konzepte anwenden und es effektiver ist, die Förderung möglichst simpel ablaufen zu lassen.

Hier gilt der gleiche Ansatz wie zuhause: Die Sprachförderung soll durch Spiele in den Alltag eingebaut werden und dadurch nicht wirklich als Übung erkennbar sein, sondern sich vorrangig durch Spaß auszeichnen.

Diese Methoden werden in der Kita besonders oft und gern verwendet:

- **Gemeinsames Singen und Reimen**
- **Das Betrachten von Bilderbüchern**
- **Erzählkreise**
- **Das Schaffen einer entspannten, aber auch zu Unterhaltungen anregenden Umgebung:** Diese soll die Kinder dazu ermutigen, sie gemeinsam zu erkunden, sich zu unterhalten und auch beispielsweise in Rollenspielen zu interagieren.
- **Korrektives, richtig formuliertes Feedback:** Dies entspricht der Praxis, die Sie auch möglichst zuhause im Gespräch mit Ihrem Kind verwenden sollten. Wenn es beim Sprechen Fehler macht, beispielsweise etwas falsch ausspricht/betont oder auch grammatikalisch noch Schwierigkeiten hat, dann wird es nur indirekt verbessert, indem die Bezugsperson das Gesagte noch einmal so wiederholt, wie es sprachlich richtig ist, ohne das Kind direkt zu kritisieren und dadurch zu verunsichern.

Generell sind die Erzieher in ihrem Berufsalltag dazu angehalten, den Kindern eine Wertschätzung ihrer Sprache zu vermitteln. Dies betrifft Kinder, die mehrsprachig aufwachsen, besonders: Sie sollen lernen, dass es nicht die eine, „richtige" Sprache gibt und die Sprache, die nicht der Landessprache entspricht, nicht unwichtig oder schlechter ist. Dennoch sollen sie die Bedeutung unserer Landessprache hervorheben und den Kindern spielerisch vermitteln, wie essenziell es ist, dass sie diese gut beherrschen.

Dazu gehört auch, dass die Kita-Pädagogen möglichst viel mit den Kindern reden. Kurze Anweisungen wie „Räum das weg!" oder „Lass das los!" sollen vermieden werden, dafür sollten sie mit den Kindern stets in vollständigen Sätzen reden. Auch das interessierte Zuhören und Gespräche auf Augenhöhe sind unerlässlich. Das Gute ist auch, dass die Sprachförderung im Kindergarten nicht so strukturiert erfolgt wie die Vermittlung in der Schule, und dadurch frei gestaltbar ist; die sprachliche Mobilisierung kann jede Form annehmen, jedes Spiel und jede

Unterhaltung ist dazu geeignet, wenn sie nur dementsprechend pädagogisch sinnvoll gestaltet ist.

Die möglichst umfangreich integrierte Sprachförderung verfolgt aber auch einen weiteren Grundsatz: Je mehr Wert darauf gelegt wird, diese in der großen Gruppe durchzuführen, bei der jeder mitmachen muss, desto weniger geraten die sprachlich schwächeren Kinder in die Bredouille, ein gesondertes Sprachförderprogramm zu benötigen, was in einigen Fällen dazu führen kann, dass diese von den anderen Kindern als Sonderlinge angesehen werden. Eine weitere Methode, die im Kita-Alltag stattfindet: Die Kinder bekommen zusätzliche Zeit zum Reden. Wenngleich Sie als Elternteil bewusst darauf achten, mit Ihrem Kind oft und viel zu sprechen und einen richtigen Dialog zu führen, bei dem es ebenso zu Wort kommt, so gehen viele Gelegenheiten doch schnell (und unbewusst) im Alltag unter.

Ein Beispiel: Sie sitzen gemeinsam am Mittagstisch und sehen, dass Ihr Kind sein Wasser ausgetrunken und auch brav aufgegessen hat. Es greift nun immer wieder zum Glas, um zu symbolisieren, dass es noch etwas trinken möchte. Sie beschließen, ihm zur Belohnung ein Glas seines Lieblingssafts zu geben, und holen die Flasche. Während Sie anschließend sein Glas auffüllen, kommentieren Sie Ihre Handlung vielleicht mit: „Du hast noch Durst, oder?! Hier, bitteschön." Dies ist zwar lieb gemeint, aber Sie nehmen dem Kind dadurch die Gelegenheit, selbst zu antworten. Besser wäre es hier, abzuwarten, was es dazu zu sagen hat, selbst wenn es nur Ihre Annahme mit einem „Ja, ich möchte noch etwas trinken." bestätigt. Vielleicht hatte es auch gerade gar keine Lust auf Saft und wollte lieber noch ein weiteres Glas Wasser haben.

Die Möglichkeiten für derartige Situationen sind äußerst vielseitig, aber die Kernaussage lässt sich leicht herunterbrechen: Beantworten Sie niemals Ihre eigene Frage, bevor Ihr Kind dies tun kann. Es soll auf jede Frage antworten, selbst wenn es nur ein kurzer Satz ist. Auf diese Stolperfallen achten die Erzieher auch besonders und sind in der Umsetzung konsequent: Die Kinder bekommen beispielsweise erst dann den gewünschten Ball, wenn sie gezielt darum bitten – ein einfaches darauf Zeigen oder Greifen mit begleitendem Hundeblick reicht hier nicht aus, auch wenn dies inhaltlich genau dasselbe aussagen würde wie der Satz „Kann ich bitte mit dem blauen Ball da spielen?". Zusätzlich dazu achten Sie darauf, Ihre Fragen so zu formulieren, dass sie sich nicht nur mit „Ja" oder „Nein" beantworten lassen.

Die Erzieher konzentrieren sich auch zusätzlich darauf, in regelmäßigen Abständen die Fortschritte und den Wissensstand der einzelnen Kinder zu überprüfen. Dazu setzen sie sich einfach bei Kindern dazu, die gerade einer bestimmten Aktivität nachgehen. „Kocht" ein Kind gerade an der Spielzeug-Küchenzeile, so kann man sagen, dass man ihm gern dabei helfen würde, und dann fragen, ob es einem beispielsweise den Kochlöffel reichen kann. So kann spielend leicht und unauffällig getestet werden, ob es bereits weiß, was ein Kochlöffel ist und ob es die Aufforderung versteht.

Was verschiedene Sprachspiele betrifft, so verfügen Erzieher über ein breit gefächertes und umfangreiches Repertoire. Dementsprechend ist es so gut wie unmöglich, die angewandten Spiele bündig zusammenzufassen.

Hier ein paar **konkrete Beispiele für Gruppenspiele**, die Kindergartenkindern viel Spaß machen:

• **Scharade:** Eines der Kinder überlegt sich gedanklich eine bestimmte Aktivität, die es nun durch seine eigenen Handlungen beschreiben muss, ohne dabei zu sprechen. Es verhält sich also wie ein Pantomime und versucht, den anderen Kindern zu verdeutlichen, welche Aktivität es meint. Wer zuerst richtig rät, bekommt einen Punkt. Scharade kann mit allen möglichen Begriffen und in so gut wie jeder Altersgruppe gespielt werden. Zusätzlich wird so der richtige Einsatz von Gestik und Mimik gefördert, damit man auch ohne zu sprechen viel ausdrücken kann.

• **Vokale haben hier nichts zu suchen:** Dafür setzen sich die Kinder in einem Kreis hin, eines stellt sich in die Mitte. Das Kind in der Mitte stellt den Sitzenden nun abwechselnd Fragen, wobei diese dann bei ihren Antworten darauf achten müssen, sie so zu formulieren, dass ein vorher bestimmter Vokal nicht darin vorkommen darf. Wenn er doch verwendet wird, so tauscht dieses Kind nun seinen Platz und stellt sich in die Mitte, während das andere sich setzen darf. Ziel des Spieles ist es, sich möglichst kurz in der Mitte aufzuhalten. Die Kinder lernen so spielerisch, welche Vokale es gibt und wie man bestimmte Wörter oder Formulierungen auch umschreiben kann. Das fördert Feingefühl in Bezug auf die Sprache und regt zum Überlegen an, anstatt mit der erstbesten Antwort herauszuplatzen.

• **Wortketten:** Hierbei gibt es mehrere Varianten. Eine Möglichkeit ist, mit einem beliebigen Wort zu starten, beispielsweise „Apfel". Das nächste Kind muss nun mit dem letzten Buchstaben dieses Wortes (also dem „L") ein Wort bilden, das mit diesem beginnt, beispielsweise „laufen". Nun kommt das „N" für beispielsweise „Nikolaus" und immer so weiter. Dieses Spiel lässt sich nahezu unendlich lang fortführen, da die Kinder gegenseitig ihren Wortschatz ergänzen.

Um das Ganze etwas schwieriger zu gestalten, weil die Kinder älter sind und bereits einen größeren aktiven Wortschatz besitzen, können hierfür zusammengesetzte Worte verwendet werden. Hier muss nun der letzte Teil eines Wortes den Anfang des nächsten bilden, beispielsweise so: Hauswand – Wandspiegel – Spiegelbild – Bilderrahmen – ...

Wie sich also festhalten lässt, nimmt die Sprachförderung der Kinder einen Großteil der Zeit in der Kindertagesstätte ein und wird sehr ernstgenommen. Es ist eine optimale Ergänzung für jene Eltern, die nicht täglich (und den ganzen Tag) für ihr Kind da sein können: Sie geben es in gute Hände ab und müssen sich nicht darum sorgen, dass seine sprachliche Entwicklung darunter leiden könnte, wenn Sie nur nach der Arbeit dafür Zeit finden, mit Ihrem Kind zu reden, während anderen Eltern viel mehr Zeit zur Verfügung steht.

Falls Ihr Kind nicht in den Kindergarten geht, müssen Sie sich dadurch aber nicht beunruhigen lassen oder sich sorgen, dass es etwas verpassen könnte. Wichtig ist nur, dass ausreichend Anreize zum Sprechen gegeben sind und das Kind trotz allem die Möglichkeit hat, sich mit anderen Kindern zu unterhalten und sich zu integrieren, damit die Sozialkompetenzen auch bei ihm vollumfänglich ausgebildet und gefestigt werden können. Ansonsten lassen sich die meisten sprachfördernden Methoden aus dem Kindergarten auch leicht auf das Alltagsleben zuhause ummünzen und in den Tagesablauf einbauen. Solange Sie diese verinnerlichen und Ihr Kind tatkräftig beim Sprechen unterstützen, steht einer guten Entwicklung nichts im Wege.

Kapitel III – Übungen für die Praxis

In diesem Kapitel erhalten Sie nun eine umfangreiche Auswahl an verschiedenen Übungen, die Sie spielerisch in Ihren Alltag integrieren können, um die Sprachentwicklung Ihres Kindes optimal zu fördern.

SPIELE FÜR DIE KLEINSTEN

Für ganz junge Kinder bieten sich verschiedene Fingerspiele perfekt an. Mit den einfachsten Varianten können Sie bereits ab ca. dem 3. Lebensmonat beginnen. Wenn das Baby also beginnt, Sie interessierter anzuschauen, dann fangen Sie ruhig mit kurzen Spielen an, die viel Körperkontakt beinhalten. Fingerspiele sind außerdem sehr leicht durchzuführen und lassen sich gut in den Tagesablauf integrieren – beispielsweise während des Badens, nach dem Wickeln, vor dem Schlafengehen oder auch, nachdem das Baby ausgeschlafen hat. Die eingängigen Reime in Kombination mit spielerischem Körperkontakt werden für zusätzlichen Spaß sorgen.

Hier sind **8 Beispiele für Fingerspiele**, die bei jedem Kind gut ankommen. Die Reime sind fettgedruckt, die Handlungsanweisungen finden sich in Klammern.

Zehn kleine Zappelmänner:

Zehn kleine Zappelmänner zappeln hin und her, zehn kleinen Zappelmännern fällt das Zappeln gar nicht schwer.

(Sie können dabei mit allen Fingern zappeln, während Sie Ihre Hände hin und her bewegen.)

Zehn kleine Zappelmänner zappeln auf und nieder, zehn kleine Zappelmänner tun das immer wieder.

(Bewegen Sie nun Ihre Hände abwechselnd nach oben und wieder herunter.)

Zehn kleine Zappelmänner zappeln ringsherum, zehn kleine Zappelmänner fallen plötzlich um.

(Führen Sie Ihre Hände um Ihren Körper herum und lassen Sie dann Ihre Hände abrupt nach unten fallen.)

Zehn kleine Zappelmänner kriechen ins Versteck, zehn kleine Zappelmänner sind auf einmal weg.

(Verstecken Sie Ihre Hände hinter Ihrem Rücken.)

Zehn kleine Zappelmänner sind nun wieder da, zehn kleine Zappelmänner rufen laut: „Hurra!".

(Holen Sie nun Ihre Hände wieder hervor und wackeln Sie erneut mit den Fingern.)

Der Taler:

Da hast du 'nen Taler,

(Klatschen Sie sanft auf die Handfläche Ihres Kindes. Das wiederholen Sie nun nach jeder Zeile des Reimes.)

gehst auf den Markt.

Kaufst dir 'ne Kuh

und ein Kälbchen dazu.

Das Kälbchen hat ein Schwänzchen

und macht kille-kille auf dein Händchen.

(Nun kitzeln Sie seine Handfläche.)

Das ist der Daumen:
Das ist der Daumen,

(Fassen Sie den Daumen Ihres Kindes mit Ihrem Daumen und Zeigefinger und wackeln Sie mit ihm.)

der schüttelt die Pflaumen,

(Wiederholen Sie es mit seinem Zeigefinger.)

der hebt sie auf,

(Nun ist der Mittelfinger dran.)

er trägt sie nach Haus,

(Der Ringfinger wird gewackelt.)

und das ist der kleine Schelm, er isst sie alle auf.

(Abschließend wackeln Sie mit seinem kleinen Finger.)

Die kleine freche Spinne:

Hoch oben in der Regenrinne sitzt eine kleine freche Spinne.

(Strecken Sie einen Arm weit nach oben und wackeln Sie dabei mit Ihren Fingern.)

„Hihi", so lacht sie munter, „jetzt komme ich zu dir herunter."

(Führen Sie die zappelnden Finger nach unten zu Ihrer anderen Hand, die Sie offenhalten.)

Nun kommt der Wind und schaukelt unsere kleine freche Spinne ganz geschwind.

(Lassen Sie Ihre „Spinne" nun über der offenen Handfläche schaukeln.)

Doch die kleine freche Spinne zieht sich wieder hoch zur Regenrinne.

(Lassen Sie die Spinnenhand wieder nach oben krabbeln.)

„Oh, was seh' ich da? Nachbars Hand ist auch schon da!"

(Die Spinne blickt in alle Richtungen und „fixiert" dann die Hand Ihres Kindes.)

„Hihi", so lacht sie munter, „Jetzt komme ich zu dir herunter."

(Sie krabbelt in die Handfläche Ihres Kindes.)

Krabbelt her und krabbelt hin, krabbelt unter des Nachbars Kinn.

(Krabbeln Sie nun mit Ihren Fingern unter sein Kinn.)

Krabbelt in den Haaren rum, denn unsere Spinne ist nicht dumm.

(Krabbeln Sie nun in seinen Haaren hin und her.)

Spielt auch gern Versteck – da ist sie weg!

(Verstecken Sie Ihre Finger schnell hinter Ihrem Rücken.)

Himpelchen und Pimpelchen:

Himpelchen und Pimpelchen, die stiegen auf einen hohen Berg.

(Bilden Sie mit Ihren beiden Händen jeweils eine Faust und lassen Sie den Daumen nach oben zeigen. Bewegen Sie nun Ihre Hände aufwärts.)

Himpelchen war ein Heinzelmann, Pimpelchen ein Zwerg.

(Wackeln Sie mit beiden Daumen.)

Dort oben blieben sie lange sitzen und wackelten mit ihren Zipfelmützen.

(Formen Sie aus Ihren Händen eine Zipfelmütze über Ihrem Kopf und wackeln Sie leicht hin und her.)

Doch nach vielen Wochen sind sie in den Berg zurückgekrochen.

(Bilden Sie erneut Fäuste, aber verstecken Sie diesmal Ihre Daumen darin.)

Schlafen dort in guter Ruh, seid mal still und horcht gut zu.

(„Schlafen" Sie, indem Sie die Handinnenflächen aufeinanderlegen und dann Ihren Kopf darauflegen.)

Sch-sch-sch-sch ... heißa, heißa, hopsasa,

Himpelchen und Pimpelchen sind wieder da!

(Bilden Sie wieder Fäuste, strecken Sie die Daumen nach oben und wackeln Sie damit.)

Hoch oben auf des Berges Spitze:

Hoch oben auf des Berges Spitze sitzt ein Zwerg mit seiner Mütze.

(Zeigen Sie mit einem Finger nach oben und bilden Sie danach mit Ihren Händen eine Zipfelmütze über Ihrem Kopf.)

Wackelt hin und wackelt her, lacht ganz laut und freut sich sehr.

(Wackeln Sie mit Ihrer „Mütze" und lachen Sie dabei. Bei den folgenden Ausführungen machen Sie einfach genau das, was Sie zuvor gesagt haben.)

Reibt sich seine Hände,

klopft auf seinen Bauch,

er stampft mit den Füßen

und klatschen kann er auch!

Fasst sich an die Nase

und springt froh herum,

hüpft dann wie ein Hase,

plötzlich fällt er um.

Erst kommt die Schnecke:

Erst kommt die Schnecke und kriecht um die Ecke.

(„Kriechen" Sie mit 2 Fingern den Arm Ihres Kindes hoch.)

Dann kommt der Hase und stupst dich in die Nase.

(Stupsen Sie es an der Nase.)

Jetzt kommt der Zwerg, der klettert übern Berg.

(Wandern Sie mit Ihren Fingern über den Kopf Ihres Kindes.)

Zum Schluss kommt der Floh und zwickt dich in den Po.

(Zwicken Sie dem Kind vorsichtig in seinen Po. Alternativ geht auch ein kleiner Stupser, Hauptsache, Sie tun ihm nicht weh.)

In den Brunnen gefallen:

Der ist in den Brunnen gefallen.

(Fassen Sie den Daumen Ihres Kindes und wackeln Sie ihn hin und her.)

Der hat ihn wieder rausgeholt.

(Wiederholen Sie dies mit dem Zeigefinger.)

Der hat ihn ins Bett gebracht.

(Der Mittelfinger ist dran.)

Der hat ihn zugedeckt.

(Mit dem Ringfinger wackeln.)

Und der kleine Schelm hier hat ihn wieder aufgeweckt.

(Fassen Sie den kleinen Finger und tippen Sie damit auf seinen Daumen.)

Aber auch beim An- und Ausziehen der Kleidung lassen sich Reime wunderbar mit einbauen, die dann für zusätzlichen Spaß bei diesen manchmal unangenehmen Momenten sorgen. Hier ein Beispiel, wie dies laufen könnte, wenn Sie mit Ihrem Kind nach Hause kommen und der Wechsel von den Straßenschuhen auf die Hauspantoffeln bevorsteht. Dazu nimmt das Kind nun auf einer Garderobenbank oder einem kleinen Stuhl Platz, Sie hocken sich davor:

Hu, hu, hu, das sind ja schöne Schuh'.

(Bewundern Sie nun die Schuhe des Kindes.)

Doch die Füße wollen raus aus ihrem viel zu engen Haus.

Erst den rechten Schuh ausziehen, dann den linken.

(Tun Sie genau das.)

Kannst du mit den Füßen winken?

(Fassen Sie die Füße und wackeln Sie sie auf und ab. Wenn es später dazu in der Lage ist, kann es ruhig selbst ein wenig damit strampeln.)

Hast du die Pantoffeln schon gesehen?

Sie müssen gleich dort drüben stehen.

(Halten Sie Ausschau nach den Wechselschuhen.)

Und schau, die Pantoffeln laufen schnell herbei,

zu den Füßen, eins, zwei, drei.

(Lassen Sie die Hausschuhe zu ihm „laufen“.)

Sie rufen: „Füße einsteigen,

(Das Kind steigt nun in die Hausschuhe bzw. Sie stülpen diese über die kleinen Füße.)

Pantoffeln schließen!"

(Schließen Sie die Schuhe.)

Und was nun?

Füße laufen ganz geschwind, laufen schneller als der Wind!

(Animieren Sie nun Ihr Kind (wenn es dies schon kann), aufzustehen und loszulaufen).

Dieser Reim eignet sich nicht nur für die Kleinsten, sondern kann auch bei etwas älteren Kindern noch angewendet werden. Die Kinder können dann aktiv mitmachen, den Reim mit Ihnen zusammen sprechen oder auch beim Anziehen der Schuhe helfen.

SPIELE FÜR DIE MUNDMOTORIK

Wenn die Kinder schon etwas älter sind und bereits mit aktiven Sprechversuchen begonnen haben, dann bieten sich wiederum andere Spiele an, die es dabei unterstützen können.

Hilfreich wären beispielsweise jene, die die Mundmotorik fördern. Diese zielen darauf ab, dass die Kinder ihren kompletten Mundraum besser kennenlernen und bewusster wahrnehmen. Vor allem die Lippen und die Zunge stehen im Fokus: Sie werden durch diese Übungen beweglicher, können besser koordiniert werden und die Kinder werden geschickter im Umgang mit ihnen. Gerade Letzteres ist in der Sprachentwicklung äußerst wichtig, da nur durch einen gewissen Grad an Geschicklichkeit eine richtige Lautbildung erfolgen kann. Beispielsweise das Lispeln kann so verhindert werden. Eine Verbesserung der Mundmotorik lässt sich in den meisten Fällen bereits durch sehr einfache Übungen bewerkstelligen, aber es gibt auch wieder komplexere Spiele oder Reime, die den Kindern besonderen Spaß bereiten.

Hier finden Sie einige **Übungen und Spiele**, die Ihr Kind lieben wird:

Lippenbeweglichkeit

• Das Kind soll **kleine Gegenstände nur mit den Lippen aufnehmen**. Hier bieten sich besonders Süßigkeiten wie Gummibärchen an, die es danach essen kann – so wird es sich sicherlich besonders viel Mühe geben. Bleiben Sie allerdings achtsam, denn gerade, wenn das Kind noch nicht über eine große Lippenbeweglichkeit verfügt, könnte es versuchen, die Gummibärchen anzusagen, statt sie aufzunehmen. Passen Sie also auf, dass es sich nicht verschluckt.

• Was Kindern auch viel Spaß macht, ist **Fisch spielen**, indem die Wangen und die Mundwinkel eingesaugt werden. Dabei kann man dann auch die Lippen aufeinanderpressen und wieder öffnen, um Geräusche zu erzeugen.

• Für alle Kinder, die das **Auftragen von Lippenstift** bei den Erwachsenen nur allzu gespannt verfolgen und dies auch gern selbst tun möchten: Malen Sie seine Lippen an und lassen Sie es danach auf einem Blatt Papier Abdrücke machen. Es kann mit verschiedenen Formen und Intensitäten experimentieren, je nachdem, wie es seine Lippen dabei bewegt.

• **Schmatzen** ist ebenfalls eine äußerst effektive, aber auch genauso einfache Übung. Hier kann das Kind wieder seiner Neugier freien Lauf lassen und austesten, was es alles für verschiedene Schmatzlaute gibt und wie es diese erreichen kann.

• Die **Steigerung zum ersten Spiel**: Wenn es keine Probleme damit hat, Gegenstände aufzunehmen, dann soll es sich nun aufrichten und diese Sachen mit den Lippen festhalten, während es sich durch den Raum bewegt.

Zungenbeweglichkeit

• **Mit der Zunge schnalzen.**

• **Die Zunge abwechselnd links und rechts in die Wange stecken**. Alternativ kann dabei dann noch mit der Zungenspitze gewackelt werden.

• Veranstalten Sie auch ruhig einen kleinen Wettbewerb mit mehreren Teilnehmern, um herauszufinden, wer es schafft, **mit** seiner **Zunge** seine **Nasenspitze** zu **berühren**.

• Eine gute Übung, um ebenfalls den **Ablauf des Zähneputzens zu festigen**: Lassen Sie das Kind mit seiner Zunge so über seine Zähne fahren, wie es das mit der Zahnbürste auch tun würde. Starten Sie (je nach Ihrem festgelegten Ablauf) beispielsweise mit den Kauflächen, gefolgt von den Außen- und anschließend den Innenflächen. So bekommt es auch ein zusätzliches Gespür für verschiedene Texturen.

• Das Kind soll seine **Zunge so weit wie möglich herausstrecken** und diese in jede Richtung bewegen. Starten Sie ruhig mit den linearen Bewegungen, später können Sie in kreisende übergehen.

• Es kann **mit** seiner **Zunge gezielt Streusel oder kleine Cornflakes „aufsammeln"**. Um es ein bisschen anspruchsvoller zu machen, können Sie verschiedene Lebensmittel nebeneinander aufreihen (beispielsweise Streusel, dann ein paar Tropfen Zitronensaft und dann ein paar Körner Salz), das Kind muss also seine Zunge gezielt einsetzen, um das (und nur das) zu erwischen, was es wirklich essen möchte und was ihm schmeckt.

• Was sich besonders nach dem Essen anbietet: **Mit** der **Zunge über die Mundwinkel fahren** und eventuelle Soßenreste oder Krümel ablecken.

Eine Zungengeschichte

Ähnlich wie bei den Reimen, die bei Babys zum Einsatz kommen, gibt es auch ein Pendant, das die Koordinierung der Zunge fördert. Hier sieht das Kind allerdings nicht nur zu, sondern kann auch tatkräftig mitmachen und die Zungenbewegungen seiner Bezugsperson kopieren. Dieser Reim nennt sich **„Frau Zunge"**:

Frau Zunge kommt aus ihrem Haus

(Zeigen Sie Ihre Zungenspitze.)

und reckt und streckt sich ganz lang aus.

(Strecken Sie nun Ihre Zunge so weit wie möglich heraus.)

Sie schaut danach zum Himmel hoch

(Die Zungenspitze zeigt nun nach oben.)

und fragt sich: „Ob wohl dort oben jemand wohnt?"
Sie schaut zum Boden und erschrickt,

(Die Zungenspitze zeigt nach unten.)

weil sie dort lauter Sand erblickt.

(Ziehen Sie nun die Zunge schnell wieder in Ihren Mund hinein.)

Nun will sie einen Hausputz machen,
sucht links und rechts noch Krümelsachen.

(Die Zunge wandert im Mund herum, beult die Wangen aus.)

Dann geht sie nochmals raus,

(Strecken Sie nun die Zunge wieder heraus.)

bleibt stehen vor ihrem Haus,

(Halten Sie die Zunge ganz still.)

bemerkt die matten Treppenstufen und leckt sie blank wie Silberkufen.

(Lecken Sie über Ihre Lippen.)

Die Arbeit hat sie müd' gemacht,
sie geht ins Haus

(Die Zunge zieht sich in den Mund zurück.)

und schläft die ganze Nacht.

(Gähnen Sie nun und lassen die Zunge im Mund ruhen.)

Pusten

• Besonders an Geburtstagen sehr beliebt: Kinder **Kerzen auspusten** lassen. Die ersten Male kann es durchaus noch etwas schwierig sein, die richtige Intensität des Luftstroms zu bestimmen.

• Auch das **Herauspusten von Luftschlangen** macht viel Spaß und erzeugt zusätzliche Freude, da der Raum danach schön bunt dekoriert ist.

• Zum **Seifenblasen pusten** kaufen Sie ruhig verschiedene Stäbe und zeigen sich gegenseitig, was für schöne Formen Sie pusten können.

• Beim **Blubbern von Badewasser** den Mund unter Wasser halten und kräftig pusten, um Blasen zu erzeugen.

• Wenn Ihr Kind Freunde zu Besuch hat, dann lassen Sie sie alle an einem Tisch Platz nehmen und legen einen **Wattebausch** in die Mitte. Jedes Kind erhält nun einen Strohhalm und pustet die Watte zu einem anderen Kind herüber. Ziel des Spiels ist es, den Wattebausch möglichst lange auf dem Tisch zu halten und nicht herunterfallen zu lassen.

• Sollte Ihr Kind alleine sein, kann es trotzdem die Watte zur Übung nutzen: Hierfür hält es beide Hände offen und versucht, sie von einer in die andere zu pusten.

• Auch **Papier durch einen Strohhalm ansaugen** macht Spaß. Passen Sie den Schwierigkeitsgrad ruhig an, indem Sie verschieden dickes oder großes Papier zur Verfügung stellen.

• Lassen Sie das Kind **kleine Papiertüten aufpusten**. Ist es schon älter und verfügt über ein größeres Lungenvolumen, dann nehmen Sie ruhig einen Ballon – umso witziger ist es für Ihr Kind, wenn es den Ballon danach platzen lassen kann.

Verschiedene Reime

Zusätzlich zu der Zungengeschichte gibt es noch eine Vielzahl an anderen Reimen oder Wortspielen, die sich mit den verschiedensten Aspekten der Mundmotorik beschäftigen.

Hier ein **Beispiel zur Bildung der Vokale** durch eine Anpassung der Form des Mundes:

Fünf Gespenster sitzen vor dem Fenster:

Das erste schreit: „Haaaa!“,

das zweite heult: „Hoooo!“,

das dritte brummt: „Huuuu!“,

das vierte lacht: „Hiiii!“,

das fünfte schwebt zu dir hinein und flüstert: „Wollen wir Freunde sein?“

(Um den Reim zusätzlich zu veranschaulichen, können Sie Ihre Hände einsetzen. Beginnen Sie mit dem Daumen und zeigen Sie dabei mit dem Zeigefinger der anderen Hand auf diesen. Arbeiten Sie sich der Reihenfolge nach durch Ihre Finger durch.)

Der Mitmach-Reim:

(Wie der Name schon sagt, muss Ihr Kind all das machen, was Sie ihm vorsagen.)

Lippen lecken – Zunge herausstrecken,

Kussmund machen – ganz breit lachen,

mit der Zunge an die Nase tippen,

so – und nun versteck die Lippen.

Lippen aufeinanderlegen

und nun ganz leise – nicht bewegen!

„Zahnlos“ ist ein weiteres Spiel, was die Kinder ganz bewusst auf ihre Mund- und Lippenbewegungen achten lässt. Es ist ein klassisches Frage-Antwort-Spiel, aber die Spieler müssen die Fragen so beantworten, dass dabei ihre Zähne nicht sichtbar werden – und das trotzdem für die anderen verständlich. Auch Lachen ist verboten.

Eine andere Sache, die zwar nicht explizit auf eine Verbesserung der Mundmotorik abzielt, aber ebenfalls effektiv ist und bei den meisten Kindern große Begeisterung hervorruft: **Grimassen schneiden**. Holen Sie ruhig ein paar Freunde hinzu und zeigen Sie sich gegenseitig, welche lustigen Gesichter Sie ziehen können – gemeinsamer Spaß ist garantiert.

Auch das **Kauen eines Kaugummis** ist äußerst hilfreich: Einerseits stärkt das Kauen die Muskeln, andererseits kann man auch hervorragend die Zunge zu Hilfe nehmen. Man kann das Kaugummi langziehen oder auch zu einer Kugel zusammenrollen. Mit etwas Übung kann man es auch so über die Zungenspitze legen, dass man mit ein wenig Pusten eine Blase bilden und diese anschließend platzen lassen kann. Wer wohl die größte Blase schafft?

SPIELE FÜR DIE WAHRNEHMUNG

Eine gute Wahrnehmung ist für das erfolgreiche Sprechenlernen unerlässlich. Aber nicht nur das Hören ist hier wichtig, sondern alle Sinne, denn je mehr Ihr Kind in seiner Umwelt wahrnimmt, desto mehr will es Ihnen auch davon berichten und lernen, diese Eindrücke in Worte zu fassen. Somit fördert das Wahrnehmen durch alle Sinneskanäle die Motivation, mehr zu sprechen.

Freilich kann man die Bewertung der Sinneseindrücke bei Kindern nicht mit jener von Erwachsenen vergleichen, denn unsere Sprösslinge wissen oft noch nicht, wofür sie ihre Sinne benötigen und nutzen können. Wahrnehmungsspezifische Spiele zielen darauf ab, die Kinder zusätzlich zu sensibilisieren und ihnen auch zu verdeutlichen, was passiert, wenn bestimmte Sinne kurzzeitig ausgeschaltet werden. Ebenso lernen sie, dass dieser Verlust nicht schlimm ist, da sie bestimmte Aufgaben trotzdem lösen können, indem sie ihre verbleibenden Sinne zu Hilfe nehmen. Hier sind einige solcher Spiele, die Ihnen helfen, jeden einzelnen Sinn Ihres Schützlings zu schulen:

Schmecken

Es geht darum, verschiedene Geschmacksrichtungen kennenzulernen und voneinander zu unterscheiden. Außerdem sind diese Spiele, bei denen oft die Sicht beeinflusst wird, eine prima Gelegenheit dazu, das Kind behutsam an bestimmte Lebensmittel (beispielsweise Obst oder Gemüse) heranzuführen, die es sonst auf seinem Teller übrig lassen würde.

Geschmackstest: Nehmen Sie hierzu eine große Auswahl an verschiedenen Obstsorten zu Hilfe. Sie haben so gut wie freie Auswahl – eine mögliche Kombination wären Äpfel, Bananen, Birnen, Kiwis und Pfirsiche. Beschränken Sie sich anfangs auf die Früchte, die Sie selbst regelmäßig konsumieren, da exotischere Früchte, wie beispielsweise Mangos, schwer zu erkennen sind. Schneiden Sie das Obst dann in gleich große Stücke und sorgen Sie dafür, dass das Kind die Früchte vorher nicht sieht. Verbinden Sie ihm bei dem Geschmackstest ruhig die Augen, um auf Nummer sicher zu gehen. Anschließend kann es sich durch die verschiedenen Obstsorten durchkosten und raten, was es da gerade gegessen hat. Dieses Spiel kann natürlich mit beliebigen Lebensmitteln durchgeführt werden, also lassen Sie Ihrer Kreativität ruhig freien Lauf.

Riechen

Auch der Geruchssinn lässt sich einfach testen und fördern. Besonders gut bieten sich dafür Spaziergänge in der Natur an: Sie sind ein schönes Ritual für die ganze Familie, fördern Ihre Ausgeglichenheit und Ihr Kind kann dabei viel lernen. Die

Natur sieht nämlich mit ihrer ganzen Artenvielfalt nicht nur schön aus, sondern verfügt auch über eine Vielzahl an Gerüchen, beispielsweise von verschiedenen Blumen, frisch gemähtem Gras oder auch, was vielleicht nicht ganz so angenehm ist, vom Kuhstall, der sich in einiger Entfernung befindet. Wenn Sie regelmäßig Zeit für derartige Ausflüge haben und Ihr Kind die Gerüche gezielt wahrnehmen lassen, dann können Sie sein Wissen ruhig einmal testen, es die Augen schließen und an verschiedenen Blumen, Kräutern etc. riechen lassen, die es bereits kennt.

Aber es gibt auch weitaus einfachere und spaßigere Spiele, die den Geruchssinn der Kinder auf die Probe stellen können, beispielsweise **„Geruchsmemory"**: Dazu brauchen Sie zunächst leere, undurchsichtige Dosen – leere Cremedosen eignen sich dafür beispielsweise hervorragend, achten Sie aber unbedingt darauf, dass diese nicht mehr nach ihrem früheren Inhalt riechen, um das Ergebnis nicht zu verfälschen. Suchen Sie nun ein paar Gewürze heraus und befüllen Sie damit jeweils zwei Dosen. Um die gleichen Gerüche später auch wieder zuordnen zu können, kleben Sie kleine Zettel auf die Böden der Dosen und notieren darauf eine Zahl oder einen Buchstaben, der das jeweilige Gewürz kennzeichnet.

Stechen Sie danach ein paar Löcher in die Deckel, damit das Kind sicher daran riechen kann, ohne gleich die Nase direkt in das Gewürz stecken zu müssen, denn wir wissen ja z.B. bei Pfeffer wohl alle gut genug, was passieren würde. Nun mischen Sie gut durch und lassen Ihr Kind die Dosen zuordnen, genauso wie bei der Memory-Variante mit Bildern. Achten Sie unbedingt darauf, dass das Kind die Dosen nicht umdreht und die Zahl sieht, wenn es daran riecht! Daraus lässt sich übrigens auch prima ein kleiner Wettkampf zwischen Ihrem Kind und seinen Freunden machen: Wer innerhalb einer bestimmten Zeit die meisten Geruchspaare erschnüffelt, gewinnt.

Sehen

Auch hier eignen sich Spaziergänge in Ihrer Umgebung hervorragend, um die Sinneswahrnehmung zu schärfen. Sowohl die Natur als auch die Kulisse einer Stadt versorgen uns mit einer Vielzahl an visuellen Eindrücken, also nutzen Sie diese zum Vorteil Ihres Kindes!

Ein Spiel, das bei Kindern sehr beliebt ist und gern zum Zeitvertreib genutzt wird, ist **„Ich sehe was, was du nicht siehst"**. Fangen Sie leicht an, um das Kind nicht zu überfordern. Entscheiden Sie sich beispielsweise für etwas Rotes, wenn Sie gerade ein rotes Auto in einer Einfahrt stehen sehen und ein roter Briefkasten in der Nähe ist, aber sonst nichts weiter mit dieser Farbe. Steigern Sie es dann und suchen sich die Farben raus, bei denen es mehr Alternativen gibt. Arbeiten Sie ruhig auch mit hellen und dunklen Tönen – schließlich gibt es Bäume mit dunkelgrünem Laub, die von einem strahlend grünen Rasen umgeben sind, auf denen auch noch Pusteblumen mit hellgrünen Stilen stehen. Ihnen sind also keine Grenzen gesetzt. Ermutigen Sie Ihr Kind auch, Sie ein schwer zu erratendes Objekt herausfinden zu lassen, da es sich so zusätzlich anstrengen wird und die Details seiner Umwelt ganz genau aufnimmt, um Sie zu fordern.

Alternativ können Sie auch in der Vertrautheit der eigenen vier Wände üben. Schicken Sie Ihr Kind hierfür auf die Suche: Es soll Ihnen 5 blaue Dinge bringen, danach 5 gelbe und so weiter. Die Bewegung, die diese Erkundung mit sich bringt, tut Ihrem Kind zusätzlich gut. Sollten Sie merken, dass es sich diese Aufgabe sehr leicht macht und beispielsweise einfach 5 blaue Bücher schnappt, dann passen Sie das Suchspiel ruhig an und lassen das Kind weiterhin 5 blaue Dinge suchen, aber es dürfen nicht mehr als 1-2 Stück aus demselben Raum stammen.

Wenn Sie nun seine Ausbeute vor sich liegen haben, dann lassen Sie Ihr Kind diese ruhig noch zusätzlich sortieren. Das kann über die Helligkeit bzw. den genauen Farbton passieren, aber auch der Größe, Dicke oder Form nach. Beschreiben Sie dabei ruhig die einzelnen Gegenstände oder erzählen Sie eine kleine Geschichte dazu, um wieder einen zusätzlichen Sprachanreiz zu schaffen.

Sollte Ihr Kind bereits älter sein und bald in die Schule kommen, dann probieren Sie ruhig einmal das Spiel **„Führung“**. Dieses zielt nicht auf eine aufmerksamere visuelle Wahrnehmung ab, sondern darauf, dass dieser Sinn temporär blockiert wird und Ihr Kind lernt, sich auch ohne diesen orientieren und Sachen zuordnen zu können. Hierzu holen Sie ein befreundetes Kind zu Hilfe und suchen sich einen Raum Ihres Hauses bzw. Ihrer Wohnung aus, den Ihr Schützling nur allzu gut kennt. Idealerweise sollte dieser Raum auch über die letzten Wochen oder Monate kaum verändert worden sein, damit Ihr Kind seine Einrichtung wirklich in- und auswendig kennt. Es soll sich nun am Eingang dieses Raumes aufstellen und bekommt die Augen verbunden.

Der Spielkamerad ist nun für Ihr „blindes“ Kind verantwortlich und führt es vorsichtig durch den Raum. Dabei hält es dann an verschiedenen Stellen an, beispielsweise, wenn beide vor einem Hindernis stehen. Dieses soll aber nicht berührt werden! Es beschreibt nun Ihrem Kind, wo sie sich gerade ungefähr im Raum befinden, und fragt dann, was dieses Hindernis sein könnte. Ihr Kind muss dann so genau wie möglich erklären, um was es sich dabei wahrscheinlich handeln könnte und wie dieser Gegenstand aussieht. Das Spiel muss sich aber nicht immer auf einen bestimmten Gegenstand beschränken, sondern kann auch die Perspektive bzw. die Position im Raum abfragen.

Nehmen wir mal an, Sie haben ein Haus und vom Wohnzimmer aus führt ein Zugang direkt in den Garten. Sie können also von der Couch aus durch die Tür direkt nach draußen sehen. Die Kinder können nun vor der Couch stehen bleiben und der Freund fragt dann, was er gerade sieht, wenn er nach vorn schaut. Ihr Kind kann dann antworten, dass es draußen den Rasen, die Schaukel und den Sandkasten sieht, da es diesen Anblick genauestens kennt und sich gut daran erinnern kann.

So werden auch der Orientierungssinn, das Erinnerungsvermögen, die Konzentration und letzten Endes die Sprache gefördert, da es die verschiedensten Eindrücke aus dem Gedächtnis heraus beschreiben muss. Aber auch das befreundete Kind kommt auf seine Kosten: Durch die Führung entwickelt es ein höheres Verantwortungsbewusstsein, da es auf seinen – in diesem Moment – hilflosen Freund aufpassen möchte und ihn so führen muss, dass er sich nicht stößt oder stürzt.

Hören

Kommen wir nun zu unserem Gehör, der sogenannten auditiven Wahrnehmung. Da Ihr Kind zu jeder Tageszeit eine Vielzahl von Geräuschen wahrnimmt und es unmöglich ist, diese stets gleichermaßen zu beachten, werden einige ignoriert und ausgeblendet. Das macht unser Gehirn automatisch; wenn wir Erwachsenen gerade am Kochen sind und uns auf das Zerkleinern des Gemüses vor uns konzentrieren, dann bemerken wir auch nicht konstant das Poltern der Waschmaschine im Hintergrund, obwohl dieses für uns deutlich zu hören ist. Nun geht es aber darum, diese Geräusche, die unsere Ohren bereits unzählige Male erreichten, auch gezielt zuordnen zu können und ihnen eine größere Beachtung zu schenken. Wenn Sie dies spielerisch üben wollen, dann funktioniert das besonders gut über die Stimmen und Geräusche der Tiere. Viele Kinder haben damit bereits geübt – sei es über Kinderbücher, die neben den Abbildungen der Tiere einen kleinen Knopf mit einer Tonaufnahme besitzen, oder über die Erzählungen Ihrer Bezugspersonen (Der Esel macht „I-Ah“, die Kuh macht „Muuuh“ ...). Ihr Kind sollte also bereits ein gewisses

Grundverständnis davon haben, wie sich die gängigsten Tiere aus der Umgebung anhören.

Setzen Sie das Kind nun vor sich und spielen Sie diese Geräusche in beliebiger Reihenfolge ab. Das Kind soll dann immer zuordnen, was es gerade gehört hat. Wenn es diese Aufgabe im Laufe der Zeit spielend leicht meistert, dann nehmen Sie zusätzliche Geräusche hinzu, von denen Sie wissen, dass Ihr Kind sie bereits gehört hat, allerdings viel seltener. Gehen Sie beispielsweise einmal im Monat in einen Tierpark und laufen dabei an einem Truthahngehege oder an Hirschen vorbei? Sollte es diese Tierstimmen nicht auf Anhieb zuordnen können, dann führen Sie es spielerisch an dieses Tier heran und beschreiben, wie es aussieht oder wo Sie es bereits gesehen haben.

Tasten

Zu guter Letzt kommen wir zum Tastsinn, der aber gerade in den ersten Monaten des kindlichen Lebens wohl die bedeutendste Rolle in seiner gesamten Wahrnehmung spielt. Babys und Kleinkinder würden am liebsten alles in die Hand oder auch in den Mund nehmen, um verschiedene Formen und auch Texturen kennenzulernen. Je älter sie werden, desto mehr rücken sie allerdings davon ab. Sie wissen nun, wie die meisten Dinge beschaffen sind, und können vieles ohne ihren Tastsinn zuordnen, weswegen sie sich zunehmend auf ihre visuelle Wahrnehmung verlassen. Damit der Tastsinn aber auch weiterhin gefördert wird, sollten Sie Ihren kleinen Schatz auch weiterhin fleißig Sachen anfassen und fühlen lassen:

Hierfür eignet sich beispielsweise eine Box, in die Ihr Kind seine Hand stecken kann, ohne den Inhalt sehen zu können. Suchen Sie sich dafür im Vorfeld einige Gegenstände aus, die Ihr Kind erfühlen soll. Murmeln, kleine Schaumstoffbälle, ein Holzwürfel, ein kleines Plüschtier – ganz egal. Achten Sie nur darauf, dass Ihr Kind sich daran nicht verletzen kann oder diese Gegenstände so beschaffen sind, dass sie seine Wahrnehmung trüben könnten (beispielsweise, wenn die Oberfläche klebrig oder schmierig ist). Idealerweise haben Sie 10 bis 15 dieser kleinen Sachen herausgesucht, damit Ihr Kind zwar nicht überfordert wird, aber auch nicht innerhalb von zwei Minuten alles erraten hat und es spannend bleibt.

Wenn Sie dieses Spiel zum ersten Mal machen, dann können Sie Ihrem Kind die Gegenstände vorher auch zeigen – so weiß es, was alles zur Auswahl steht, und kann sich vielleicht an eine bestimmte Sache erinnern, wenn es durch den Tastsinn allein nicht weiterkommt. Außerdem nimmt es ihm die Angst, da viele Kinder erstmal sehr großen Respekt davor haben, ihren halben Arm durch ein Loch in eine dunkle Box stecken zu müssen, ohne zu wissen, was es darin erwarten könnte.

Ansonsten ist ein Ausflug in die Natur wieder hervorragend, um den Tastsinn zu fördern. Lassen Sie Ihr Kind Sachen fühlen, die es so nur selten anfassen kann: eine Baumrinde, einen Tannenzapfen, die Kastanien auf dem Boden.

SPIELE FÜR DIE SPRACHMELODIE UND SILBENBILDUNG

Liedertausch: Die richtige Sprachmelodie zu finden, kann mitunter schwierig sein. Doch was würde passieren, wenn man diese absichtlich durcheinanderbringt, um das Kind zusätzlich zu fordern? Beim Liedertausch passiert genau das: Es werden zwei Lieder verwendet, die das Kind sowohl der Melodie als auch dem Text nach genau kennt. Dann werden sie vertauscht, also Text A muss zur Melodie B gesungen werden, ohne einen Fehler zu machen. Wie wäre es mit „Wie schön, dass du geboren bist“ zur Melodie von „Alle meine Entchen“?

Wörter klatschen: Auch die richtige Silbenbildung ist für eine flüssig klingende Sprache unerlässlich. Diese wird mit dem folgenden Spiel trainiert: Platzieren Sie verschiedene Gegenstände vor Ihrem Kind. Dieses sucht sich nun gedanklich einen davon heraus und klatscht dann die Anzahl der Silben, die der Name der Sache enthält. Noch besser ist es, wenn weitere Kinder mitspielen und raten können, welchen Gegenstand es gerade meint. Suchen Sie auch ruhig Sachen heraus, deren Namen etwas länger sind, um es den Kindern nicht zu einfach zu machen. Beispielsweise: Bil-der-buch, Was-ser-me-lo-ne, Tee-löf-fel.

„Mutter, wie weit darf ich reisen?“: Bei diesem Gruppenspiel wird ein Kind (alternativ auch Sie) als Spielführer bestimmt. Die anderen Kinder stellen sich in einer Reihe gegenüber der auserkorenen „Mutter“ auf, einige Meter sollten als Entfernung gegeben sein. Ein Kind beginnt nun und fragt: „Mutter, wie weit darf ich reisen?“ Der Spielführer antwortet dann mit dem Namen einer Stadt oder eines Landes, beispielsweise „Spanien“. Das Kind darf nun so viele Schritte nach vorn setzen, wie das genannte Ziel Silben hat, in diesem Falle also drei. Macht es dabei einen Fehler, kehrt es wieder zur Ausgangslinie zurück. Gewonnen hat, wer zuerst die „Mutter“ erreicht.

SPIELE FÜR DIE RICHTIGE AUSSPRACHE

Zungenbrecher (erst für Schulkinder!): Zungenbrecher sind bestimmte Sätze oder Sprüche, die aus sehr ähnlichen Wörtern bestehen. Diese gilt es, möglichst schnell und fehlerfrei aufzusagen. Sie können daraus einen kleinen Wettkampf veranstalten, indem Sie verschiedene Zungenbrecher auf Zettel schreiben und diese zusammengefaltet in die Mitte eines Sitzkreises legen.

Die Kinder ziehen nun nacheinander einen Zettel und versuchen, den Zungenbrecher schnell und richtig auszusprechen. Hatte es Erfolg, darf das Kind den Zettel behalten. Am Ende gewinnt das Kind, das die meisten Zettel gesammelt hat. Beispiele für solche Zungenbrecher wären „Brautkleid bleibt Brautkleid und Blaukraut bleibt Blaukraut.", „Als Anna abends aß, aß Anna abends Ananas." und „Fischers Fritze fischte frische Fische, frische Fische fischte Fischers Fritze."

Es müssen aber nicht immer Zungenbrecher sein, um die Aussprache zu trainieren. Auch Sätze mit Wörtern, die jeweils mit demselben Buchstaben beginnen, sich aber nicht zwingend ähnlich anhören, sind bestens geeignet und unterstützen die Lautbildung der verschiedenen Kombinationen, die sich jeweils aus einem Kern-Buchstaben bilden lassen. Beispiele dafür wären „Kleine Katzen können keinen Kaugummi kauen." und „Zwei Zwerge zeigen zwanzig Zehen."

SPIELE, DIE DEN WORTSCHATZ ERWEITERN

„Das ist ...": Dieses Spiel kann mit jeder beliebigen Sache durchgeführt werden, für den Anfang empfiehlt es sich allerdings, bekannte Dinge zu verwenden, die oft zum Gesprächsthema gemacht werden. Fährt Ihr Kind also oft im Auto mit, so verwenden Sie ruhig dieses. Nehmen Sie nun eine Abbildung eines Autos zu Hilfe, ein echtes Auto oder auch eine kleine Spielzeug-Nachbildung.

Dem Kind wird nun alles erklärt, was es gerade sieht: Das ist der Seitenspiegel, dort ist der Rückspiegel, das ist das Lenkrad und so weiter. Lassen Sie der kindlichen Neugier auch ruhig freien Lauf und lassen Sie es eine Weile gucken – vielleicht interessiert es sich noch für ganz andere Teile an dem Fahrzeug, die Sie ihm dann benennen können. Sie müssen sich allerdings nicht nur auf die reinen Bestandteile der Sache konzentrieren, sondern können Ihrem Kind ebenso vermitteln, was man damit alles machen kann. Mit einem Auto kann man beispielsweise abbiegen, überholen oder blinken. Geht es in dem Spiel hingegen um ein bestimmtes Obst, so könnte man dieses schneiden, essen, teilen oder abwaschen. Lassen Sie Ihrer Fantasie also freien Lauf und führen Sie Ihr Kind spielerisch an neue Wörter heran, während es seinen unermüdlichen Wissensdurst stillen kann.

Der Buchstabe bestimmt: Bei diesem Spiel wird zunächst ein Buchstabe ausgewählt. Lassen Sie dafür Ihr Kind in seinen Gedanken das Alphabet aufsagen und sagen Sie dann „Stopp" – der zuletzt gedachte Buchstabe wird nun Gegenstand dieses Spiels. Es gibt mehrere Varianten, was Ihr Kind mit diesem Buchstaben anstellen kann: Zum Beispiel könnte es alle bekannten Wörter aufsagen, die mit diesem beginnen. Um es dem Kind etwas leichter zu machen, können Sie auch eine bestimmte Richtung vorgeben, beispielsweise Pflanzen, Lebensmittel, Tiere oder Namen. Ist Ihr Kind bereits etwas älter und besucht schon die Schule, so kann es rund um diesen Buchstaben herum eine eigene Geschichte erfinden. Seiner Fantasie sind dabei keine Grenzen gesetzt, je lustiger seine Erzählung wird, desto besser – Hauptsache, es sind möglichst viele Wörter mit dem festgelegten Anfangsbuchstaben enthalten. Setzen Sie ein Zeitlimit, in dem es die Geschichte abschließen soll, und lassen Sie es danach vorlesen.

Zuordnungsspiele: Auch diese eignen sich perfekt, um den kindlichen Wortschatz spielerisch zu erweitern. Sie werden ähnlich wie Memory durchgeführt, allerdings gilt es nicht, zwei gleiche Motive zuzuordnen, sondern ein Bild und das dazugehörige Wort. Solche Zuordnungsspiele lassen sich auch leicht selbst basteln, was bei Ihrem Kind für zusätzliche Begeisterung sorgen wird. Sie benötigen dafür verschiedene Magazine oder Werbezeitschriften, Wellpappe als Untergrund, eine Schere, Kleber und eine Box zur anschließenden Aufbewahrung. Beziehen Sie Ihren Schützling so weit wie möglich in das Basteln mit ein und führen Sie es währenddessen bereits spielerisch an die jeweiligen Begriffe heran, indem Sie es genau zusehen lassen, wenn Sie sie aufschreiben.

Ist Ihr Kind schon älter, dann lassen Sie es ruhig einmal selbst versuchen, die Worte zu schreiben. Bei guter Mitarbeit wird es dann später umso begeisterter sein, wenn es mit dem fertigen Spezial-Memory spielen kann – schließlich wurde es genau nach seinen Wünschen entworfen. Apropos Wünsche: Orientieren Sie sich ruhig an den Interessen Ihres Kindes, um es zusätzlich zu motivieren!

Spiele zur Wortschatzerweiterung sind für viele verschiedene Altersgruppen geeignet und können dementsprechend mit Ihrem Kind „mitwachsen". Sie werden anspruchsvoller, umfangreicher. Beschränken Sie sich nicht auf immer dieselben Themenbereiche, da Ihr Kind sonst irgendwann gelangweilt davon ist, selbst, wenn Sie noch einige neue Begriffe finden und einbauen können, die es noch nicht kennt. Hören Sie ihm genau zu, wenn es von seinen Interessen erzählt: Vor einem Vierteljahr kann es beispielsweise ganz begeistert von Fischen gewesen sein, während es sich nun brennend für Werkzeuge interessiert, mit denen Mama und Papa zuhause ganz viele schöne Sachen aufbauen und die eigenen vier Wände verschönern. Suchen Sie sich dann für die Bildvorlagen einschlägige Magazine oder Prospekte aus diesem Bereich heraus, Sie sollten relativ schnell und unkompliziert fündig werden.

Falls Sie einmal nicht wissen sollten, was Ihrem Kind gerade besonders viel Spaß macht oder worüber es am liebsten mehr erfahren möchte, dann unternehmen Sie einen Ausflug – viele Drogerieketten oder Supermärkte führen ein breites Sortiment an verschiedenen Zeitschriften für diverse Altersgruppen, aus denen Ihr Kind dann etwas heraussuchen wird, was es besonders anspricht.

Teekesselchen: Bei diesem Spiel geht es um Wörter, die (mindestens) zwei Bedeutungen haben können. Sie benötigen drei oder mehr Spieler – zwei davon überlegen sich das „Teekesselchen“ und beschreiben es in beiden Bedeutungen, der Rest muss erraten, welches Wort gemeint ist. Kommen die Mitspieler, die es erraten müssen, nicht weiter, so können die beiden Kinder zusätzliche Hinweise geben. Beispiele für solche Teekesselchen wären „Schlange“ (das Tier – Warteschlange an der Kasse), „verputzen“ (essen – Hauswand verputzen) oder „Tor“ (Gartentor – Treffer beim Fußball).

Buchstabenpuzzle: Hier geht es darum, dass aus den Buchstaben eines vorgegebenen Wortes neue Wörter gebildet werden sollen. Dazu wird dieses aufgeschrieben und zerschnitten, sodass das Kind die einzelnen Buchstaben vor sich liegen hat und damit experimentieren kann. Im Internet gibt es Generatoren, die solche Anagramme vorschlagen, das erspart Ihnen viel Zeit. Es bietet sich hier außerdem an, solche Wörter zu wählen, aus denen sich gleich mehrere andere bilden lassen, beispielsweise „Beil“ -> „Ei“, „bei“, „Leib“ etc. Teilen Sie Ihrem Kind dann auch ruhig mit, wie viele Wörter es finden kann – so verliert es nicht nach dem ersten die Motivation, sondern ist bestrebt, alle möglichen Wörter herauszufinden.

Stadt, Land, Fluss: Das klassische Spiel macht besonders in der Gruppe Spaß. Es erfordert Schnelligkeit und gute Schreibkenntnisse, weswegen es für sehr junge

Kinder noch nicht wirklich gut geeignet ist. Dennoch können Sie es abwandeln, um den kindlichen Wortschatz spielerisch zu erweitern. Nehmen Sie dazu, wenn vorhanden, eine kleine Tafel, sonst ein großes Blatt Papier zu Hilfe, das Sie dann in mehrere Spalten unterteilen.

Die Kategorien legen Sie zusammen mit den Kindern fest (beispielsweise Berufe, Namen, Tiere, Essen ...). Nun darf ein Kind in Gedanken das Alphabet aufsagen und ein anderes darf stoppen – der gewählte Buchstabe bestimmt nun das Spiel. Die Kinder können Ihnen nun jeweils ein Wort zurufen, was ihnen zu der jeweiligen Kategorie einfällt – je ausgefallener, desto besser. Wenn ein Kind eines dieser Wörter noch nicht kennt, dann kann das Kind, welches den Begriff genannt hat, es ihm erklären. So streben sie danach, ihre schwierigsten bekannten Wörter zu demonstrieren und sich gegenseitig etwas beibringen zu können.

Wasser-Wörter: Hier wird zu Beginn des Spiels ein Wort festgelegt, beispielsweise „Wasser". Die Spieler müssen nun möglichst viele Wörter finden, die „Wasser" beinhalten. Beispiele dafür wären Wasserhahn, Wassermelone, Badewasser, Eiswasser, Wasserdampf usw. Dieses Spiel wird so lange fortgeführt, bis keinem Kind mehr etwas einfällt. Danach kann „Wasser" einfach durch jedes andere, beliebige Wort ersetzt werden.

SPIELE FÜR DIE SATZBILDUNG/GRAMMATIK

Onkel Otto sitzt in der Badewanne: Dieses Spiel eignet sich erst für ältere Kinder, die bereits zur Schule gehen. Sie sollten schon relativ selbstständig lesen und schreiben können, aber Sie könnten dies den Kindern auch alternativ abnehmen und für sie einspringen. Das Spiel läuft folgendermaßen ab: Man nimmt ein leeres Blatt (am besten DIN A4) quer und schreibt ganz oben zunächst „Onkel Otto sitzt in der Badewanne", sodass die ganze Länge ausgefüllt ist. Das Blatt wird nun nach jedem Wort so geknickt, dass man nicht mehr sehen kann, welches Wort zuvor geschrieben wurde. Die Kinder suchen sich nun abwechselnd beliebige Wörter aus, die von der Wortart zu denen des vorgegebenen Satzes passen. Gestartet wird mit der Spalte, in der „Onkel" steht – hier kann man einen Verwandtschaftsgrad oder einen Titel eintragen.

Dann wird gefaltet, das nächste Kind sucht sich nun einen Namen aus. Das nächste Kind bestimmt über eine Tätigkeit in der 3. Person. Es folgt ein

Verhältniswort: auf, zwischen, unter, über, neben usw. Bei der nächsten Spalte, dem Artikel ist es wichtig, sich dem vorherigen Wort grammatikalisch anzupassen, weswegen Sie das richtige vorgeben sollten. Möglich sind hier der, die, den, dem, einer, einem etc. Zuletzt folgt wieder ein beliebiges Hauptwort. Am Ende wird der lustige Satz dann vorgelesen und die Kinder können darüber lachen. So lernen sie spielerisch, wie man die Satzglieder in einem Beispielsatz korrekt anordnen kann und wie diese grammatikalisch zueinander passen.

Der lange Satz: Bei diesem Spiel geht es darum, einen möglichst langen Satz zu bilden, der allerdings grammatikalisch und inhaltlich sinnvoll sein muss. Jedes Kind fügt dabei abwechselnd ein Wort hinzu. Beispiel: Ich – Ich wollte – Ich wollte schon – Ich wollte schon immer – Ich wollte schon immer mit – Ich wollte schon immer mit Tim – Ich wollte schon immer mit Tim ein – Ich wollte schon immer mit Tim ein Eis – Ich wollte schon immer mit Tim ein Eis essen – Ich wollte schon immer mit Tim ein Eis essen gehen.

Artikel zuordnen: Fertigen Sie Kärtchen zu den Artikeln der/die/das an und platzieren Sie diese mit etwas Abstand auf einem leeren Tisch. Dann verteilen Sie diverse Gegenstände aus dem Haushalt auf dem Tisch (beispielsweise ein Stück Pappe, eine Schere, einen Teller, einen Apfel, ein Messer ...), Ihr Kind soll diese nun ihrem entsprechenden Artikel zuordnen.

SPIELE FÜR DIE SPRACHKOMPETENZ

Weder Ja noch Nein: Bei diesem Spiel werden den Mitspielern abwechselnd Fragen gestellt, die sich eigentlich mit „Ja" bzw. „Nein" beantworten ließen. Allerdings sind diese beiden Wörter tabu und die Kinder müssen ihre Antwort stattdessen ausformulieren. Wer doch mit „Ja" oder „Nein" antwortet, scheidet aus. Dies motiviert die Kinder dazu, sich gewählter auszudrücken und ganze, sinnvolle Sätze zu formulieren, anstatt es sich leicht zu machen.

„Aber ja nicht mit ...": Hier werden ebenfalls Fragen gestellt, die aber mit dem Zusatz „Aber ja nicht mit A/E/I/O/U!" ergänzt werden. Das Kind kann sich bei jeder Frage einen unterschiedlichen Vokal aussuchen. Der Befragte muss seine Antwort dann so formulieren, dass in ihr nicht ein einziges Mal der genannte Vokal vorkommt.

ABC-Sätze: Hierbei wechseln sich die Kinder mit dem Sprechen ab. Das erste Kind formuliert einen Satz, der mit A beginnt, das nächste muss dann mit einem antworten, der mit B beginnt, und immer so weiter. Das Schwierige dabei: Die Sätze müssen sich aufeinander beziehen, es dürfen keine beliebigen Sätze sein! Beispielsweise: „Anton hat gesagt, heute wird es regnen." – „Bist du dir da sicher?" – „Claudia hat das auch gesagt." – „Draußen scheint aber die Sonne." ...

Einkaufslädchen: Hierzu schaffen Sie sich einen „Verkaufstisch", auf dem Sie verschiedene Gegenstände aus Ihrem Zuhause platzieren. Überlegen Sie nun gemeinsam, welcher Preis jeweils angemessen wäre, und schreiben Sie diesen dann auf ein Preisschild, das Sie auf der Sache platzieren. Das Kind bekommt noch eine Kasse mit „Wechselgeld". Es ist nun der Verkäufer, der sich genau wie ein echter verhalten muss: Er begrüßt Sie, wenn Sie seinen Laden betreten, zeigt Ihnen sein Angebot, berät Sie zu seinen Waren. Haben Sie sich dann für etwas entschieden, übergibt er es Ihnen und nimmt Ihr Geld entgegen, was er auch noch wechselt, wenn Sie zu viel gegeben haben. So lassen Sie Ihr Kind in eine andere Rolle eintauchen, es fühlt sich für seinen Laden verantwortlich und schult gleichzeitig seine Ausdrucksweise, da es Ihnen sein Angebot möglichst schmackhaft machen möchte.

SPIELE FÜR DAS ZUHÖREN/DIE RICHTIGE KONZENTRATION

Ich packe meinen Koffer: Dieses Spiel kann man bereits ab 2 Spielern durchführen, in einer größeren Gruppe wird es allerdings lustiger und anspruchsvoller. Hierbei beginnt ein Kind mit: „Ich packe meinen Koffer und nehme ... mit", und nennt dabei ein beliebiges Teil, beispielsweise Badelatschen. Der Nächste führt es dann fort mit: „Ich packe meinen Koffer und nehme meine Badelatschen und .... mit", und ergänzt den Kofferinhalt um eine weitere Sache. Wichtig ist, dass die korrekte Aufzählung und Anzahl der eingepackten Gegenstände übereinstimmt – macht ein Spieler dabei einen Fehler, scheidet er aus.

Da dieses Spiel schnell unübersichtlich werden kann, bietet es sich an, dass Sie es zunächst überwachen, während die Kinder spielen. Sie können sich dann genau aufschreiben, was im Koffer alles enthalten ist, und bestimmen, wer einen Fehler gemacht hat. Ein kleiner Tipp für die Spieler: Die bloße Auflistung der Gegenstände wird sich mit der Zeit schwer merken lassen, es wird aber einfacher, wenn man sich gedanklich eine kleine Geschichte dazu ausdenkt und diese wiederholt, um sich zu erinnern.

Stille Post: Hierfür benötigt man im Idealfall eine größere Gruppe an Kindern, damit es lustiger wird. Sie setzen sich nun in einem Kreis hin. Ein Kind beginnt und denkt sich einen beliebigen Satz aus, den es seinem Nachbarn ins Ohr flüstert. Dieser muss nun genau zuhören und den Satz genau so, wie es ihn verstanden hat, wiederum seinem Nachbarn zuflüstern. Dieses Spiel geht immer so weiter, bis man bei dem letzten Spieler angelangt ist. Dieser muss nun den Satz, der ihm zugeflüstert wurde, laut aussprechen – meist kommt etwas völlig anderes heraus, als sich das erste Kind am Anfang ausgedacht hat.

„Eine Ente mit zwei Beinen springt ins Wasser – plumps!": Hierbei bietet sich wieder eine größere Gruppe an. Dabei geht der Satz immer reihum und wird dabei folgendermaßen unterteilt: „Eine Ente", sagt Kind 1, „mit zwei Beinen", Kind 2, „springt ins Wasser", Kind 3 und das Nächste sagt, „plumps!". Wurde der Satz vollständig aufgesagt, wird er fortläufig wiederholt, wobei jedes Mal eine Ente dazukommt. Bei der zweiten Runde heißt es also „Zwei Enten mit vier Beinen springen ins Wasser – plumps, plumps!". Dabei darf jedoch ein Kind nur einmal das Wort „plumps" verwenden, was bedeutet, dass es bei 7 Enten auch 7 Kinder nacheinander sagen müssen. Ziel des Spiels ist es, möglichst viele Enten in das Wasser springen zu lassen, ohne Fehler zu machen. Dies fördert nicht nur die Konzentration, sondern schult auch das Zahlenverständnis – wie viele Enten haben nochmal wie viele Beine?

SPIELE FÜR DAS SELBSTSTÄNDIGE ERZÄHLEN

Bärengeschichte: Die perfekte Möglichkeit für Ihr Kind, um seiner Fantasie mal so richtig freien Lauf lassen zu können. Trommeln Sie die Freunde Ihres Kindes dafür zusammen, die Kinder setzen sich dann in einem Kreis hin. Der zentrale Gegenstand wird dann ein Teddybär oder auch jedes andere, beliebige Kuscheltier, der einem der Kinder überreicht wird. Dieses beginnt dann die Geschichte damit, dass es sich etwas überlegt, was der Bär getan haben könnte.

Vielleicht ist er gerade erst aufgewacht und liegt noch im Bett, vielleicht unternimmt er einen Spaziergang oder liest ein Buch. Danach wird der Bär an das nächste Kind weitergereicht, das die Geschichte dann jeweils um seine eigenen

Ausführungen ergänzt. Der Vorteil bei diesem Spiel ist, dass die Kinder hier nichts falsch machen können. Es ist ihre eigene Geschichte, die keinen Regeln folgen oder zwingend Sinn ergeben muss. Der Bär könnte einen ganz normalen Tag erleben und sich am Alltag der Kinder orientieren, er könnte aber genauso gut auch mit Freunden gegen einen Drachen kämpfen. Hören Sie den Kindern ruhig dabei zu und erfreuen Sie sich an den vielen Ideen, die sie in die Geschichte einflechten.

Märchen-Mix: Die meisten Kinder sind bereits mit einer Vielzahl an Märchengeschichten vertraut und kennen so einige Charaktere. Doch was würde eigentlich passieren, wenn diese aufeinandertreffen und vielleicht sogar zusammen neue Abenteuer erleben? Lassen Sie dabei der Kreativität der Kinder freien Lauf und staunen Sie darüber, was für spannende Geschichten aus diesen Ideen entstehen. Vielleicht lernt Schneewittchen ja zusammen mit Dornröschen einen Drachen zu zähmen, damit sie zusammen Rapunzel aus ihrem Turm befreien können? Oder die drei kleinen Schweinchen machen einen Ausflug ans Meer und besuchen die kleine Meerjungfrau? Genießen Sie ruhig einmal die gelungene Abwechslung und lassen Sie sich selbst etwas erzählen.

SPIELE IM FREIEN

Besonders für schöne, warme Sommertage bietet es sich hervorragend an, Sprachspiele draußen an der frischen Luft durchzuführen. Die zusätzliche Bewegung verleiht dem Spiel noch mehr Spaß und sorgt für einen guten Ausgleich.

Bewegungsbilder: Hier haben Sie als Erwachsener die Zügel in der Hand und dürfen nach Belieben bestimmen, was das Kind machen soll. Sie geben bestimmte Bewegungsabläufe vor, die möglichst abwechslungsreich sein sollen. „Klettere das Gerüst hoch und rutsche dann die Rutsche hinunter, während du einen Arm nach oben streckst“ oder „Laufe zwei Mal um den Baum herum und klatsche dabei“, wären beispielsweise möglich, es gibt aber noch unzählige weitere Varianten, also seien Sie ruhig kreativ. Das Gute hierbei ist, dass den Kindern selbst die abwegigsten Kombinationen nicht zu peinlich sind und sie großen Spaß daran haben, Sachen zu machen, die sie sonst nie auf diese Art und Weise machen würden.

Lass uns ein Denkmal bauen: Dieses Spiel ist ähnlich wie „Bewegungsbilder“, ist aber mehr auf das Einnehmen einer bestimmten Position ausgelegt als die Durchführung einer Handlung. Es lässt sich als Partnerspiel gestalten, sinnvoller und vor allem lustiger ist es allerdings in einer Gruppe. Sie als Erwachsener können beginnen und nun die Funktion eines Bildhauers einnehmen, der sich ein Denkmal oder eine Skulptur bauen möchte. Die anderen Teilnehmer des Spiels bilden dieses dann, indem sie Ihren Anweisungen folgen. Beachten Sie dabei, dass Sie diese altersgerecht formulieren und die Kinder nicht überfordern!

Ein Kind kann sich beispielsweise ganz klein machen und sich hinhocken, während ein anderes mit erhobenen Fäusten danebensteht und posiert. Wechseln Sie ruhig durch und lassen Sie auch die Kinder diktieren, was die anderen darstellen sollen. Einerseits werden so das Verständnis und das richtige Zuhören geschult, da die Kinder die Weisungen des Bildhauers genau befolgen und überlegen müssen, welches Körperteil nun wie gehalten werden muss. Andererseits üben sie, wenn sie selbst Bildhauer sind, die Begriffe für die einzelnen Bestandteile eines Körpers und müssen sich gezielt ausdrücken. Dies festigt den Wortschatz.

Verstecken: Dies ist eine Variation des klassischen Spiels, bei dem ein Kind ausschließlich suchen muss. Hierfür wird ein fester Spielbereich festgelegt, in dem es bestimmte Punkte gibt, auf die sich die anderen Teilnehmer stellen können. Dies können sie jedoch so tun, wie sie möchten: Sie können liegen, stehen, hocken, was auch immer ihnen gerade lieb ist. Der „Sucher" steht nun mit dem Rücken zu diesen und muss raten, wer sich wie an welchem Punkt befindet. Steht Lisa hinter dem Baum oder sitzt sie auf der Schaukel? Hockt Tom unter der Rutsche oder liegt er darauf? Für jede richtige Antwort gibt es einen Punkt. Hierbei werden das Sprachverständnis und die richtige Wahl der Präpositionen geschult.

„Was verstecke ich?": Hierbei erhält jedes Kind ein kleines Tuch und wird anschließend losgeschickt, um sich einen beliebigen Gegenstand aus seinem Umfeld zu suchen. Diesen dürfen sie den anderen nicht zeigen, sie verstecken ihn gleich unter ihrem Tuch. Nun finden sich alle erneut zusammen und versuchen abwechselnd, den anderen zu beschreiben, was für ein Gegenstand sich unter ihrem Tuch befindet, ohne direkt seinen Namen zu nennen. Diesen gilt es dann zu erraten. Hierbei geht es vorrangig um die richtige Verwendung von Adjektiven, aber auch um eine Stärkung des Begriffsverständnisses.

SPIELE FÜR PHONOLOGISCHE BEWUSSTHEIT

Phonologische Bewusstheit ist die Schnittstelle zwischen dem Laut- und dem Schriftspracherwerb, die Spiele hierzu eignen sich also erst für Vorschulkinder bzw. jene, die bereits die Schule besuchen.

Alles, was man essen kann: Für dieses Spiel ist es notwendig, dass Sie wieder mindestens einen Spielkameraden Ihres Kindes hinzuziehen. Ein Kind sagt dann gedanklich das Alphabet auf, dabei spielt es allerdings keine Rolle, wenn es dieses noch nicht vollständig oder in der richtigen Reihenfolge beherrscht. Es kann auch seine ihm bereits bekannten Buchstaben durcheinandergewürfelt verwenden. Wird nun „Stopp“ gesagt, so wird der jeweilige Buchstabe festgelegt, bei dem das Kind gerade war. Jeder Teilnehmer des Spiels muss nun eine Sache nennen, die man essen kann und die mit diesem Buchstaben beginnt. Dies wird so lange fortgeführt, bis einem Kind nichts mehr einfällt – dieses scheidet dann aus. Um Mehrfachnennungen des gleichen Buchstabens zu verhindern, können Sie die bereits verwendeten jeweils auf einen Notizzettel schreiben: Dadurch lernen die Kinder zusätzlich, wie man die einzelnen Buchstaben schreibt.

Unwörter: Hierbei sind ebenfalls wieder zwei oder mehr Kinder gefragt. Zu Beginn werden dann einige „Unwörter“ festgelegt, die es während des Spiels zu vermeiden gilt. Diese können völlig beliebige Wörter sein, sie sollten sich allerdings leicht durch andere ersetzen lassen. Sie stellen den Kindern nun Fragen und die jungen Sprachakrobaten müssen dann bei ihren Antworten darauf achten, dass sie die ausgeschlossenen Wörter vermeiden. Besonders gut bieten sich „Ja“ und „Nein“ an, da sie den Kindern nicht ermöglichen, eine Frage mit einer so kurzen Antwort abzuschmettern, und sie demzufolge dazu anregt werden, einen ganzen Satz zu bilden und mehr zu sprechen. Wenn Sie sich lieber aus dem Spiel heraushalten oder nur beobachten wollen, dann geben Sie ruhig ein Thema vor, über das sich die Kinder dann unterhalten sollen. Wenn ein Kind dann doch ein solches Unwort verwendet, führen Sie eine Strichliste und vergeben für jedes unerlaubte Wort einen Strich. Das Kind mit den wenigsten Strichen gewinnt.

Gegenteile: Bei diesem Spiel geht es darum, zu bestimmten Wörtern jeweils das Gegenteil zu bestimmen – allerdings sind diese Wörter zusammengesetzt und ein exaktes Wort für das Gegenteil existiert wahrscheinlich nicht einmal. Die Kinder suchen sich dafür zunächst ein Wort aus, das aus zwei Teilen besteht, beispielsweise „bildhübsch". Sie teilen dieses Wort dann in seine Bestandteile auf und suchen jeweils das Gegenteil. Für „hübsch" würden sie sehr wahrscheinlich „hässlich" wählen, aber bei „Bild" gilt es schon, etwas nachzudenken. „Film" wäre beispielsweise eine Möglichkeit. Diese Gegenteile setzen sie dann wieder zu einem Wort zusammen, also „filmhässlich". Diese Wörter müssen also keinen Sinn ergeben und dienen lediglich dem Zweck, die Kinder an zusammengesetzte Wörter heranzuführen und sie genau über deren eigentliche Bedeutung nachdenken zu lassen. Außerdem werden sie sich ihres eigenen Wortschatzes bewusster, wenn sie gezielt nach passenden Gegenteilen suchen müssen.

Verrückte Sätze: Hierfür sollten die Kinder idealerweise um die 6 Jahre alt sein, da dieses Spiel einen großen Wortschatz und ein gutes Verständnis der einzelnen Buchstaben erfordert. Die Kinder legen nun einen beliebigen Buchstaben fest, aus dem sie dann einen Satz bilden müssen – allerdings muss jedes einzelne Wort mit diesem Buchstaben beginnen! Bei B könnte herauskommen: „Ben badet bei Berta." Das andere Kind kann dann, wenn es eine passende Idee hat, diesen Satz infrage stellen und darauf antworten, was Ben stattdessen macht. Solange sie sich an die Regel halten, dass jedes Wort mit dem gleichen Buchstaben beginnen muss, steht ihrer Fantasie nichts im Wege und sie können sich die verrücktesten Sätze ausdenken – das macht das Spiel schließlich noch witziger.

„Was ist auf meinem Teller?": Nutzen Sie das gemeinsame Essen ruhig einmal als Anlass für ein Sprachspiel. Wenn das Essen fertig angerichtet ist, lassen Sie Ihr Kind jeweils den Anfangsbuchstaben der einzelnen Speisen nennen. So gibt es vielleicht Schnitzel mit S, Möhren mit M, Erbsen mit E, Kartoffeln mit K und Soße mit S. Auch zusätzliche Adjektive können verwendet werden: Es ist L wie lecker oder W wie warm. Achten Sie aber bei der Verwendung der Buchstaben darauf, dass der Laut verwendet wird, nicht die Bezeichnung des Buchstabens! Dies erleichtert dem Kind später das Schreiben lernen. Sagen Sie beim N also „Nh" und nicht „Än" oder bei K „Kh" anstatt „Ka".

Schlusswort

Sie sind nun umfassend über Spracherwerbsstörungen sowie die Sprachförderung informiert und wissen, was auch Sie tun können, um die Sprachentwicklung Ihres Schützlings nachhaltig zu fördern und ihm eine Stütze zu sein. Werden Sie sich der eigenen Sprache also bewusster, finden auch Sie neue Freude am Sprechen, vor allem, wenn es darum geht, dies gemeinsam mit dem Kind zu tun. Zeigen Sie ihm, wie viel Spaß unsere Muttersprache machen kann, und motivieren Sie es dazu, ein kleiner Sprachmeister werden zu wollen. Genießen Sie die zusätzlichen schönen Momente, die das Vorlesen, das gemeinsame Singen oder auch die Erzählungen Ihres Kindes von seinen tagtäglichen Beobachtungen Ihnen bereiten werden. Versuchen Sie, sich bewusst Zeit dafür zu schaffen, egal, wie voll Ihr Terminkalender auch sein mag – Sie haben ja bereits erfahren, welch großen Unterschied diese kurzen 10 Minuten jeden Tag auf lange Sicht ausmachen.

Machen Sie sich außerdem keine Sorgen um den korrekten Spracherwerb Ihres Kindes. Wenn Sie als Eltern diese einfachen Vorgaben befolgen und mit Herz und Seele dabei sind, dann wird es in den allermeisten Fällen keine Komplikationen geben. Lassen Sie sich auch nicht zu Ungeduld und Nervosität verleiten, wenn Sie merken, dass Ihr Kind vielleicht einige Wochen oder Monate in seiner sprachlichen Entwicklung zurückliegt. Führen Sie sich stets vor Augen, dass jedes Kind unterschiedlich schnell lernt und es völlig natürlich ist, dass es manche Sachen scheinbar auf Anhieb meistert und bei anderen dafür länger benötigt, als es vielleicht andere Kinder tun.

Lernfortschritte sind immer so individuell, dass sie mit keinem anderen Kind auf der Welt vergleichbar sind – lassen Sie sich und Ihr Kind also von den groben Richtwerten nicht unter Druck setzen. Erst, wenn gravierende Verzögerungen oder deutlich merkbare Schwierigkeiten auftreten, ist Grund zur Sorge gegeben und es sollte abgewogen werden, ob eine Sprachförderung hier noch zielführend sein kann. Dieser Schlimmstfall, also die Entwicklung einer Sprachstörung, tritt allerdings selten ein und ist weder Ihnen noch Ihrem Kind geschuldet, wenn Sie stets bemüht waren, ihm möglichst viele Sprachanreize zu geben. Außerdem sind auch Sprachstörungen durch das entsprechende Fachpersonal gut zu behandeln und werden Ihr Kind nicht dauerhaft plagen.

Sehen Sie mögliche Sprach(erwerbs)störungen also nicht als schlimmstes Übel an. Wenn Sie dennoch sehr beunruhigt oder besorgt sein sollten, so spricht nichts gegen ein zusätzliches Gespräch mit dem behandelnden Kinderarzt, welcher gut beurteilen kann, ob die sprachliche Entwicklung Ihres Kindes im normalen Rahmen verläuft oder ob zusätzliche Maßnahmen notwendig sein könnten – lieber einmal zu viel nachgefragt als einmal zu wenig.

Ihr Kind ist schlau und sein Gehirn wird noch so einige Meisterleistungen erbringen, das Erlernen der Sprache ist nur ein, wenn auch äußerst bedeutender Teil davon. Lassen Sie sich also Ihre Zuversicht nicht nehmen, dass Ihr Kind diese Hürde meistern wird, und freuen Sie sich gemeinsam mit ihm über die ganzen Fortschritte und Errungenschaften, die es gerade in den ersten sechs Jahren seines Lebens vollbringen wird. Machen Sie das Beste aus dieser schönen Zeit, schaffen Sie großartige Erinnerungen und festigen Sie die Bindung zueinander, so wird der optimale Grundstein für das gesamte Leben Ihres Kindes gelegt. Blicken Sie gespannt (und vor allem entspannt) in die Zukunft, ich wünsche Ihnen herzlichst, dass Ihr kleiner Schatz schon bald sprechen lernt wie die Großen.

14-Tage-Plan für die Sprachförderung Ihres Kindes

Sie haben sich nun erfolgreich zur Theorie der kindlichen Sprachförderung belesen und sind zu der Erkenntnis gelangt, dass Ihr Kind eine solche durchaus benötigen könnte? Wenn Sie sich dazu entschieden haben, aber noch nicht genau wissen, wie Sie nun am besten vorgehen sollten, dann machen Sie sich keine Gedanken – genau dafür möchte ich Ihnen diesen 14-Tage-Plan mit auf den Weg geben, der Ihnen den Einstieg erleichtern wird. Da jedes Kind ganz einzigartig ist und andere Bedürfnisse hat, wäre es hier schlichtweg nicht möglich, einen maßgeschneiderten Plan für jeden einzelnen Leser dieses Buches zu erstellen.

Betrachten Sie den Sprachförderplan daher nicht als starre Anleitung, die es um jeden Preis zu befolgen gilt, sondern eher als Grundgerüst, das sich noch verändern lässt. Ich werde versuchen, es so allgemein wie möglich zu halten, also tauschen Sie einzelne Übungen einfach nach Belieben aus, wenn Sie denken, dass eine andere zielführender wäre. Was immer gilt: Seien Sie geduldig mit Ihrem Kind. Die Sprachförderung zu Hause ist effektiv, doch sie benötigt auch einiges an Zeit, schließlich kann kein Kind innerhalb von Stunden oder auch wenigen Tagen seine Angewohnheiten gänzlich ändern. Sie müssen sich deshalb nicht immer an dieselben drei Übungen und Spiele halten, aber variieren Sie trotzdem nicht zu viel und geben Sie den einzelnen Ansätzen auch Zeit, um ihre Wirkung zu entfalten.

Ich empfehle Ihnen außerdem, die Fortschritte Ihres Kindes festzuhalten – wie Sie dies tun, ist völlig egal. Sie können eine Art Tagebuch führen, um Ihre Beobachtungen und Gedanken aufzuschreiben, Sie können während der Übungen eine Tonaufnahme machen oder auch eines der Spiele mitfilmen. So haben Sie die direkte Möglichkeit, von Zeit zu Zeit zu vergleichen und auch kleine Änderungen zu bemerken.

TAG 1

Für den ersten Tag dieses Programmes stelle ich Ihnen die Aufgabe, sich mit Ihrem Kind hinzusetzen und eine Art Bestandsaufnahme seiner sprachlichen Entwicklung zu machen. Dies soll sich nicht wie ein Verhör anfühlen, also eine halbstündige „Sag doch mal ...“-Sitzung wäre hier nicht zielführend. Einerseits würden Sie das Kind so auf Dauer langweilen, andererseits ist es sich seiner Fehler ja oft bewusst, es könnte also durchaus vorkommen, dass es sich vorgeführt fühlen würde.

Nehmen Sie sich einfach die Zeit, mit ihm zu reden oder ein Spiel zu spielen, was ihm Spaß macht. Sie werden dabei schon bemerken, wo es noch Schwierigkeiten hat und wo sich die Fehler wiederholen. Ich möchte, dass Sie nun die folgende Übersicht ausfüllen, um einen guten Einblick zu erhalten. Diese wird die Grundlage für alles Weitere bilden, aber setzen Sie sich trotzdem nicht zu sehr unter Druck: Es kann sein, dass Ihr Kind bestimmte Worte einfach vermeidet und so andere Fehler in der Sprachentwicklung erst später auffallen. Es können sich durchaus auch neue bilden. Diese Übersicht ist deswegen nicht abgeschlossen, ergänzen Sie sie ruhig immer dann, wenn Ihnen etwas Neues auffällt.

Mein Kind ____________ (Name) ist gerade so alt: ____________

Wie verlief der bisherige Spracherwerb?

____

____

____

____

____

Welche Fehler sind Ihnen schon öfter aufgefallen? Um welche Störung könnte es sich handeln (Lautbildung, Grammatik, Wortschatz, Sprachverständnis, pragmatisch-kommunikativ)?

____

____

____

____

____

Reflektieren Sie einmal über Ihr bisheriges Verhalten als Bezugsperson. Hand aufs Herz – haben Sie sich bisher genügend Zeit zum gemeinsamen Sprechen genommen, jeden einzelnen Tag? Oder blieb es manchmal auf der Strecke, warum auch immer? Wie schätzen Sie sich selbst ein und was nehmen Sie sich diesbezüglich für die Zukunft vor?

____

____

____

____

____

Wie viel Zeit haben Sie sich am heutigen Tag genommen, um mit Ihrem Kind zu sprechen?

____

____

____

____

____

TAG 2

Nachdem Sie sich nun den gestrigen Tag darauf konzentriert haben, was momentan ist bzw. was bisher war, so ist es nun Zeit, sich langsam Richtung Zukunft – also Problemlösung – zu begeben. Nehmen Sie sich erneut Ihre Notizen zu den genauen sprachlichen Problemen Ihres Kindes vor, gleichzeitig schauen Sie in das Buch und versuchen, die entsprechenden Übungen und Spiele herauszusuchen, die in diesem Falle helfen könnten.

Sprachliches Problem	Mögliche Übungen

Zusätzlich dazu möchte ich, dass Sie sich (egal, ob dies bisher schon in diesem Umfang stattfand oder nicht) von nun an jeden Tag mindestens 30-60 Minuten Zeit nehmen, um mit Ihrem Kind zu sprechen. Dabei müssen Sie sich nicht zwingend auf die Übungen konzentrieren – lassen Sie dem Gespräch einfach freien Lauf, es soll locker und zwanglos werden. Fragen Sie es, was es heute besonders schön fand oder was es gerade speziell interessiert. Beachten Sie dabei unbedingt die Kommunikationsregeln, die ich Ihnen in diesem Buch vorgestellt habe! Schaffen Sie in diesen Gesprächen eine sichere Umgebung für Ihr Kind, in der es sich traut, offen zu sprechen und dadurch seine Probleme zugänglich zu machen.

Heute habe ich (oder eine andere nahe Bezugsperson) von ______ Uhr bis _______ Uhr mit _________ (Name) gezielt gesprochen.

Dies ist mir bei unserem Gespräch aufgefallen:

____

____

____

____

____

So habe ich darauf reagiert (Verbesserungen, Kommunikationsregeln ...):

____

____

____

____

____

TAG 3

Nun sind alle Vorbereitungen abgeschlossen und Sie können endlich damit beginnen, die Sprachförderung selbst anzuwenden.

Um gleich mit etwas Schönem zu starten, bietet es sich hier an, einen Ausflug zu machen – sofern es die Wetterlage zulässt. Suchen Sie sich ein schönes Fleckchen in der Natur und gehen Sie ein wenig spazieren. Nutzen Sie die Gelegenheit, indem Sie sich mit Ihrem Kind darüber unterhalten, was gerade um es herum zu sehen ist. Beispielsweise:

„Das ist ein Baum." (Wenn das Kind schon älter ist und sich ein wenig mit der Natur auskennt, dann kann dies noch näher erläutert werden.)

„Da hinten fährt ein Bus."

„Das ist eine gelbe Blume."

Fahren Sie damit fort, zeigen Sie aber nicht ausschließlich etwas, sondern lassen Sie Ihr Kind auch reden und Ihnen etwas zeigen. Wenn Sie vorgeben, dass

Ihnen ein Wort nicht einfällt oder Sie nicht wissen, was gemeint ist, dann wird es sich freuen, Ihnen etwas erklären zu können. So bauen Sie gleich einen schönen Austausch ein und es wird nicht langweilig. Wenn Sie wieder zu Hause angekommen sind, dann nutzen Sie ruhig diesen Ausflug als Anlass für ein Spiel. Setzen Sie sich zusammen an einen Tisch und basteln ein Memory-Spiel, bei dem ein Bild seinem entsprechenden Wort zugeordnet werden muss. Benutzen Sie dabei einige der Dinge, die Sie Ihrem Kind zuvor gezeigt haben – die gelbe Blume, den Baum, den Bus. Fragen Sie Ihr Kind, was Sie noch alles gesehen haben, um zusätzlich sein Gedächtnis zu schulen.

Anschließend spielen Sie ein paar Runden und festigen so den Wortschatz, denn hiernach wird es so schnell nicht mehr vergessen, was es in der Natur Schönes zu sehen gab. Wenn Ihr Kind schon etwas älter ist, dann lassen Sie es zu jedem Bild noch ein paar Sätze erzählen; es soll erklären, wie die Sache beschaffen war. So war der Bus beispielsweise nicht einfach nur ein Bus, sondern „groß", „rot" und es „saßen ganz viele Leute drin". Damit holen Sie das meiste aus dieser Übung heraus und haben eine umfassende Sprachförderung absolviert.

Am Ende des Tages füllen Sie wieder die Übersicht aus:

Heute habe ich (oder eine andere nahe Bezugsperson) von ______ Uhr bis _______ Uhr mit _________ (Name) gezielt gesprochen.

Dies ist mir bei unserem Gespräch aufgefallen:

____

____

____

____

____

So habe ich darauf reagiert (Verbesserungen, Kommunikationsregeln ...):

____

____

____

____

____

TAG 4

Heute wollen Sie zu Hause bleiben und dort mit Ihrem Kind üben. Dafür nehmen Sie sich das Thema „Sprachmelodie und Silbenbildung“ vor, was für einen schönen, harmonischen Sprachfluss sorgen soll.

Beginnen können Sie beispielsweise mit dem Spiel „Wörter klatschen“. Dafür setzen Sie Ihr Kind an einen leeren Tisch und platzieren einige Sachen darauf. Deren Bezeichnungen sollten in ihrer Länge möglichst variieren, um es spannender zu machen. Nehmen Sie beispielsweise eine Ta-schen-lam-pe, eine Tas-se, ein Foto, ein Brot-mes-ser und ein Sieb. Viele Gegenstände sind gut, aber überladen Sie den Tisch nicht damit, das würde das Kind nur überfordern und das Spiel unnötig kompliziert machen.

Sie können es zu zweit spielen, aber mehr Spaß macht es, wenn noch jemand mitmacht. Sie suchen sich nun abwechselnd einen Gegenstand aus, sprechen Sie den Namen aber nicht aus. Vielmehr unterteilen Sie ihn in seine Silben und nennen nur diese Anzahl. Ihr Kind soll nun raten, welchen Gegenstand Sie meinen könnten. Wenn die Lösung genannt wird, dann wird für jede Silbe des Wortes einmal in die Hände geklatscht, um das Verständnis dafür zu festigen.

Später können Sie sich noch ein schönes Lied oder einen Reim aussuchen, bei dem Sie Text und Melodie auswendig kennen und Ihr Kind bestenfalls auch. Genießen Sie die Zeit und singen Sie zusammen, damit es sich an die Sprachmelodie gewöhnt und auch ein wenig mit seiner Sprache experimentiert. Vielleicht wollen Sie das Lied ja ein wenig abändern und das Kind im zweiten Ablauf absichtlich etwas tiefer oder höher singen lassen?

Den Tag schließen Sie erneut mit der Übersicht ab:

Heute habe ich (oder eine andere nahe Bezugsperson) von ______ Uhr bis _______ Uhr mit _________ (Name) gezielt gesprochen.

Dies ist mir bei unserem Gespräch aufgefallen:

____

____

____

____

____

So habe ich darauf reagiert (Verbesserungen, Kommunikationsregeln ...):

____

____

____

____

____

TAG 5

An diesem Tag widmen Sie sich erneut dem Wortschatz Ihres Kindes. Während es an Tag 3 eher darum ging, bereits bekannte Sachen zu festigen, so wollen Sie heute darauf abzielen, Ihrem Kind etwas Neues beizubringen und den Wortschatz dadurch zu erweitern.

Dazu spielen Sie heute das Spiel „Das ist ...". Suchen Sie sich also einen Gegenstand heraus, den Ihr Kind gut kennt, beispielsweise eine Banane. Nun gehen Sie noch darüber hinaus, denn eine Banane ist noch mit viel mehr Wörtern verbunden als „essen". Arbeiten Sie sich dabei Stück für Stück vor; zunächst beschreiben Sie das Aussehen. Wo ist oben, wo unten? Was ist die Schale, was der Stiel? Wie ist die Schale beschaffen, hat sie schon braune oder Druckstellen?

Wenn Sie damit fertig sind, dann überlegen Sie gemeinsam, was man damit alles tun kann – schälen, schneiden, essen, teilen. Wie fühlt sich die Banane an, ist sie fest oder schon etwas matschig? Wie schmeckt sie? Lassen Sie Ihr Kind alles beschreiben, was ihm dazu einfällt. Wenn Sie ihm aber kompliziertere Wörter beibringen wollen, dann nehmen Sie einen anspruchsvolleren Gegenstand, dessen Bestandteile nicht oft in alltäglichen Gesprächen genannt werden, beispielsweise Fahrräder oder Autos.

Wenn Sie damit fertig sind, dann können Sie nun ruhig einmal überprüfen, was von dem Ausflug vor zwei Tagen noch alles hängengeblieben ist und was Ihr Kind noch im Gedächtnis behalten hat, da Ihnen ein Großteil davon ganz zufällig entfallen ist und Sie sich so gern noch einmal daran zurückerinnern würden.

Heute habe ich (oder eine andere nahe Bezugsperson) von ______ Uhr bis _______ Uhr mit _________ (Name) gezielt gesprochen.

Dies ist mir bei unserem Gespräch aufgefallen:

____

____

____

____

____

So habe ich darauf reagiert (Verbesserungen, Kommunikationsregeln ...):

____

____

____

____

____

TAG 6

Versuchen Sie heute, einen oder mehrere Spielkameraden Ihres Kindes einzuladen, um für zusätzlichen Spaß bei den Spielen zu sorgen.

Dafür können Sie zuerst „Märchen-Mix“ wählen, um die Kreativität der Kinder anzuregen. Überlegen Sie vor Beginn gemeinsam, welche Märchen und welche Charaktere Sie alle kennen, um dem kindlichen Gehirn auf die Sprünge zu helfen. Vielleicht haben Sie ja auch kleine Bilder oder Spielfiguren von Rittern, Prinzessinnen, Drachen oder Ähnlichem? Lassen Sie nun die Kinder erzählen, sie sollen ihr ganz persönliches Märchen entwerfen. Versuchen Sie, so wenig wie möglich einzugreifen – nehmen Sie sich eine Tasse Kaffee oder Tee und setzen Sie sich in einiger Entfernung, aber möglichst noch im selben Raum hin und beschäftigen Sie sich beiläufig mit etwas anderem oder lassen es zumindest so wirken. Hören Sie nebenbei den Kindern zu und beobachten Sie, wie diese sich äußern. Vielleicht kennt Ihr Kind ja doch schon deutlich mehr Worte, als Sie erwartet hätten? Wenn die Kinder fertig sind, dann stoßen Sie ruhig wieder dazu und lassen sich von der Abenteuergeschichte berichten.

Anschließend können Sie mit den Kindern noch nach draußen gehen und eine Runde „Ich sehe was, was du nicht siehst" spielen. So lernen sie wieder, Sachen genau zu beschreiben.

Heute habe ich (oder eine andere nahe Bezugsperson) von ______ Uhr bis _______ Uhr mit _________ (Name) gezielt gesprochen.

Dies ist mir bei unserem Gespräch aufgefallen:

____

____

____

____

____

So habe ich darauf reagiert (Verbesserungen, Kommunikationsregeln ...):

____

____

____

____

____

TAG 7

Nun sind Sie schon bei der Halbzeit dieses Programmes angelangt. Ich möchte, dass Sie heute einmal reflektieren, wie es bisher so lief und was Ihnen aufgefallen ist. Natürlich werden noch keine gravierenden Ergebnisse zu sehen sein, dafür ist die Zeit schlichtweg zu kurz, aber: Haben Sie schon Kleinigkeiten bemerkt? Hat es Ihnen und auch Ihrem Kind Spaß gemacht?

Wie empfanden Sie die letzte Woche? Gibt es große Unterschiede zu Ihrem Alltag davor?

____

____

____

____

____

____

Bereichern die Übungen Ihren Alltag oder sehen Sie sie eher als notwendiges Mittel zum Zweck?

____

____

____

____

____

____

Gab es bestimmte Schlüsselereignisse oder andere Momente, die Ihnen im Gedächtnis geblieben sind und Ihnen besondere Freude bereitet haben? Wenn ja, welche und warum?

____

____

____

____

____

____

Ist Ihnen in Hinblick auf die Sprache Ihres Kindes schon etwas aufgefallen?

____

____

____

____

____

Was denkt Ihr Kind über die Spiele? Hat es Spaß daran?

____

____

____

____

____

Trotzdem soll das heutige Spiel natürlich nicht auf der Strecke bleiben. Immerhin ist die Sprachförderung eine Angelegenheit, die Ihren Alltag von nun an täglich begleiten wird – aber das ist ja auch gar nicht schlimm, schließlich sorgt sie zusätzlich für viele schöne Momente mit Ihrem Kind. Heute können Sie ein Spiel spielen, das seine Wahrnehmung schult, insbesondere das Schmecken. Dazu führen Sie den „Geschmackstest" durch, den ich bereits im Buch vorgestellt habe.

Schneiden Sie dafür mehrere Obstsorten klein, verbinden Sie Ihrem Kind die Augen und lassen Sie es raten, was es da gerade isst. Zusätzlich kann es noch beschreiben, wie die jeweilige Frucht schmeckt und wie sich die Konsistenz anfühlt. Sie müssen sich dabei aber nicht auf Obst beschränken, Sie können auch mehrere Geschmacksrichtungen wählen. Vielleicht noch etwas Herzhaftes wie kleine Stückchen Brot mit jeweils anderen Belägen oder auch Gemüsesorten? Bauen Sie möglichst ein paar Nahrungsmittel ein, die Ihrem Kind besonders gut schmecken – so macht die Übung besonders viel Spaß und es wird sich zusätzlich freuen.

Heute habe ich (oder eine andere nahe Bezugsperson) von ______ Uhr bis _______ Uhr mit _________ (Name) gezielt gesprochen.

Dies ist mir bei unserem Gespräch aufgefallen:

____

____

____

____

____

So habe ich darauf reagiert (Verbesserungen, Kommunikationsregeln ...):

____

____

____

____

____

TAG 8

Heute wollen Sie sich mit dem richtigen Zuhören beschäftigen und Ihr Kind dazu animieren, sich besonders auf das Gesagte zu konzentrieren. Dafür spielen Sie „Ich packe meinen Koffer und nehme mit ...". Starten Sie möglichst einfach, aber wenn Sie merken, dass Ihr Kind sich zunehmend daran gewöhnt und es ihm immer leichter fällt, dann bauen Sie ruhig ein paar Gegenstände ein, die nicht ganz so alltäglich sind und für die Ihr Kind sich besonders anstrengen muss, um sich diese zu merken. Sollte es mit der Zeit frustriert werden, weil es durcheinanderkommt, dann zeigen Sie ihm ruhig die Taktik mit der gedanklichen Geschichte, mit der man sich Abläufe leichter merken kann. Diese wird ihm im Lauf seines Lebens noch das eine oder andere Mal nützlich sein! Es macht Sinn, Ihr Kind schon relativ früh an solche Methoden heranzuführen – wenn es vom Alter her dazu bereit ist, versteht sich.

Anschließend können Sie noch ein Spiel spielen, was die ganze Situation wieder etwas auflockert. Trommeln Sie dafür ruhig noch weitere Familienmitglieder oder Freunde zusammen. Eine Person sagt nun gedanklich das Alphabet auf, während eine andere „Stopp" ruft. Für den Buchstaben, bei dem die erste Person nun stehen geblieben ist, muss jeder Spieler ein Wort finden. Bauen Sie es ruhig wie „Stadt, Land, Fluss" mit verschiedenen Kategorien auf, aber lassen Sie die Zeitkomponente weg und warten Sie stattdessen bei jeder Runde ab, bis alle Spieler fertig sind – Sie wollen Ihr Kind nicht unter Druck setzen, sondern es in einer entspannten Umgebung zum Nachdenken bringen. Um es aber etwas spannender zu machen, können Sie die Regel aufstellen, dass möglichst schwierige oder lange Wörter gewählt werden müssen. Dadurch strengt sich Ihr Kind extra an und durchforstet seinen Wortschatz jedes Mal aufs Neue, anstatt die einfachste Variante zu wählen.

Heute habe ich (oder eine andere nahe Bezugsperson) von ______ Uhr bis _______ Uhr mit _________ (Name) gezielt gesprochen.

Dies ist mir bei unserem Gespräch aufgefallen:

____

____

____

____

____

So habe ich darauf reagiert (Verbesserungen, Kommunikationsregeln ...):

____

____

____

____

____

TAG 9

Heute wird es Zeit für Gruppenspiele, trommeln Sie daher möglichst viele Kinder zusammen, denn so macht es besonders viel Spaß.

Nun spielen Sie zuerst die Variante von „Verstecken", bei dem Sie im Voraus einen festen Spielbereich und einzelne Punkte festlegen, auf denen sich die Spieler platzieren können. Es bietet sich hier an, dass dies in der Nähe eines Spielplatzes durchgeführt wird, damit die Geräte genutzt werden können. Der Sucher steht nun mit dem Rücken zu den Spielern und muss erraten, wo sich diese genau befinden. Spieler A steht vielleicht oben auf der Rutsche, Spieler B hockt unter der Schaukel und Spieler C liegt neben dem Baum. Dies schult die genaue Beschreibung von Standpunkten und Verhältnissen zueinander.

Lassen Sie die Kinder dann ruhig ausgiebig toben. Wenn Sie sich ausgepowert haben, sollen sich alle in einem Kreis hinsetzen, denn zum Abschluss spielen Sie „Stille Post". Geben Sie dafür einem Kind einen nicht zu komplizierten Satz vor, den es nun dem nächsten Kind zuflüstern muss. Dies geht im Uhrzeigersinn so weiter, bis das letzte Kind erreicht ist. Lassen Sie sich nun davon überraschen, was dieses am Ende versteht und laut ausspricht – Sie werden sicherlich alle gemeinsam herzhaft darüber lachen.

Heute habe ich (oder eine andere nahe Bezugsperson) von ______ Uhr bis _______ Uhr mit _________ (Name) gezielt gesprochen.

Dies ist mir bei unserem Gespräch aufgefallen:

____

____

____

____

____

So habe ich darauf reagiert (Verbesserungen, Kommunikationsregeln ...):

____

____

____

____

____

TAG 10

Heute soll der Fokus weniger auf der Sprache an sich, sondern mehr auf der spielerischen Förderung der Mundmotorik liegen. Zunächst widmen Sie sich der Lippenbeweglichkeit. Dafür legen Sie kleine Obststücke oder Süßigkeiten vor ihm auf den Tisch, es darf von nun an seine Hände nicht mehr benutzen. Es gilt, alle Stückchen nur mit den Lippen aufzunehmen – damit es aber nicht direkt vom Tisch isst, soll es sich nach dem Aufnehmen gerade aufrichten, bevor es sie dann ganz in den Mund nehmen und als Belohnung essen darf.

Albern Sie dann noch ein wenig herum: Schnalzen Sie mit der Zunge, machen Sie den „Fisch“, ziehen die Wangen ein und experimentieren mit Ihren Lippen. Schmatzen Sie gemeinsam lustig und ziehen Sie Grimassen. Genießen Sie das gemeinsame Lachen, während Ihr Kind ein besseres Gefühl für seinen Mund erlangt.

Heute habe ich (oder eine andere nahe Bezugsperson) von ______ Uhr bis _______ Uhr mit _________ (Name) gezielt gesprochen.

Dies ist mir bei unserem Gespräch aufgefallen:

____

____

____

____

____

So habe ich darauf reagiert (Verbesserungen, Kommunikationsregeln ...):

____

____

____

____

TAG 11

Am heutigen Tag können Sie Tag 3 wiederholen und einen schönen Ausflug in die Natur einplanen. Versuchen Sie aber, eine andere Umgebung als beim letzten Mal zu wählen. Vielleicht sogar eine Stadt, die es noch nicht kennt, oder auch ein Waldgebiet. So wird es besonders aufmerksam sein und sich genau umsehen, wenn es Ihnen davon berichten will. Sie müssen nicht zwingend wieder ein Memory basteln, aber wenn Sie und Ihr Kind Zeit dafür und Lust darauf haben, dann spricht absolut nichts dagegen. Alternativ können Sie sich abends zu Hause noch mal darüber unterhalten und sich erzählen, was Sie jeweils am schönsten fanden.

Heute habe ich (oder eine andere nahe Bezugsperson) von ______ Uhr bis _______ Uhr mit _________ (Name) gezielt gesprochen.

Dies ist mir bei unserem Gespräch aufgefallen:

____

____

____

____

So habe ich darauf reagiert (Verbesserungen, Kommunikationsregeln ...):

____

____

____

____

____

TAG 12

Heute üben Sie ein wenig Grammatik. Dafür schreiben Sie die einzelnen Artikel auf kleine Kärtchen und platzieren mehrere Gegenstände vor Ihrem Kind. Legen Sie nun die Kärtchen nebeneinander hin und lassen es darunter jeweils die Sachen legen, von denen es denkt, dass sie dazu passen.

Danach spielen Sie „Der lange Satz". Dabei geben Sie ein beliebiges Wort vor, dass den Anfang bildet. Nun ist Ihr Kind dran, das das nächste Wort ergänzt. Dies geht immer so weiter, das Ziel sollte es sein, einen möglichst langen Satz zu bilden, der aber immer noch grammatikalisch und inhaltlich sinnvoll ist. Das Kind kann also nicht einfach ein beliebiges Wort in den Raum werfen, sondern muss immer überlegen, was gerade in das Gesamtgefüge passt. Dieses Spiel macht mit mehreren Spielern Spaß, lässt sich aber auch wunderbar zu zweit spielen, also machen Sie sich keine Gedanken, wenn gerade niemand sonst anwesend ist.

Heute habe ich (oder eine andere nahe Bezugsperson) von ______ Uhr bis ______ Uhr mit _________ (Name) gezielt gesprochen.

Dies ist mir bei unserem Gespräch aufgefallen:

____

____

____

____

____

So habe ich darauf reagiert (Verbesserungen, Kommunikationsregeln ...):

____

____

____

____

____

TAG 13

Für diesen Tag möchte ich, dass Sie sich kein bestimmtes Spiel vornehmen, sondern einmal Ihr Kind entscheiden lassen. Fragen Sie es, was es gern spielen möchte – dies kann entweder eins der Spiele der vergangenen Tage sein oder auch etwas komplett anderes. Sie haben inzwischen verinnerlicht, wie man bestimmte Bereiche der Sprachentwicklung gezielt fördern kann und mit welcher Art von Spiel man etwas erreichen kann, also sollten Sie keine Probleme damit haben, zu improvisieren. Lassen Sie sich heute einfach überraschen, fordern Sie sich selbst ein Stück weit und geben Sie Ihrem Kind zusätzlich das Gefühl, dass es etwas zu sagen hat und selbst entscheiden kann, was es gern machen möchte. Wenn Sie ihm eine zusätzliche Freude bereiten wollen, dann kochen Sie auch noch etwas, was es sich wünscht, und verwöhnen es ein wenig.

Heute habe ich (oder eine andere nahe Bezugsperson) von ______ Uhr bis _______ Uhr mit _________ (Name) gezielt gesprochen.

Dies ist mir bei unserem Gespräch aufgefallen:

____

____

____

____

So habe ich darauf reagiert (Verbesserungen, Kommunikationsregeln ...):

____

____

____

____

TAG 14

Mittlerweile sind Sie am Ende des Programmes angelangt. Heute können Sie zwei anspruchsvollere Spiele spielen, die die Sprachkompetenz Ihres Kindes schulen werden. Angefangen wird mit „Weder Ja noch Nein". Dabei stellen Sie Ihrem Kind diverse Fragen, die es nicht mit „Ja" oder „Nein" beantworten darf – fallen diese Wörter, hat es verloren. Vielmehr muss es jede Antwort sorgfältig ausformulieren und in ganzen Sätzen antworten.

Danach übertragen Sie ihm eine große Verantwortung – es darf nun seinen eigenen Einkaufsladen führen. Basteln Sie dafür verschiedene Preisschilder und Geld. Anschließend suchen Sie mehrere Gegenstände zusammen, die in dem Laden angeboten werden sollen. Überlegen Sie gemeinsam, was wie viel kosten soll (möglichst realistisch). Anschließend sind Sie der Kunde und möchten etwas kaufen – das Kind ist der Verkäufer und muss sich auch genau so verhalten: vom Verkaufsgespräch über Beratungen bis hin zur Ausgabe von Wechselgeld.

Für den Abschluss wird es wieder Zeit für eine kurze Reflexion.

Dieses Fazit ziehe ich aus den letzten 14 Tagen:

____

____

____

____

____

Folgende Fortschritte habe ich bemerkt:

____

____

____

____

____

Auf diese Bereiche müssen wir uns in Zukunft verstärkt konzentrieren:

____

____

____

____

____

____

Nehmen Sie sich auch die Zeit, Ihr Kind zwischendurch immer wieder zu loben. Die Situation ist keinesfalls einfach, aber es strengt sich genauso an wie Sie und es kann immer einen kleinen Motivationsschub gebrauchen. Bleiben Sie weiterhin am Ball und gewöhnen Sie sich daran, so häufig wie möglich mit Ihrem Kind zu sprechen und es in seiner Sprachentwicklung bestmöglich zu unterstützen.

Passen Sie die Übungen je nach Bedarf an und reagieren Sie auf jede neue Anforderung. Auch wenn das nach einer großen Aufgabe klingt, so ist es doch eine, die mit viel Spaß verbunden ist und der Sie mehr als gewachsen sind. Machen Sie also das Beste daraus und Ihr Kind wird bald sprechen können wie ein Großer – ganz zu schweigen von der engen Bindung, die Sie damit auch immer weiter ausbauen werden.

Füllen Sie abschließend wieder Ihre Notizen aus und übernehmen Sie sie ruhig mit in Ihren weiteren Ablauf.

Heute habe ich (oder eine andere nahe Bezugsperson) von ______ Uhr bis ______ Uhr mit _________ (Name) gezielt gesprochen.

Dies ist mir bei unserem Gespräch aufgefallen:

____

____

____

____

____

So habe ich darauf reagiert (Verbesserungen, Kommunikationsregeln ...):

Quellenverzeichnis

- https://kitakram.de/im-kindergarten-die-mundmotorik-der-kinder-foerdern-ein-wichtiger-beitrag-zur-sprachfoerderung/
- https://kitango.de/sprachentwicklungsstoerung-moegliche-ursachen-kitango/
- https://utopia.de/ratgeber/fingerspiele-8-sprachspiele-fuer-dein-kleinkind/
- https://vennbruchschule.de/fileadmin/pdf/Sprachspiele.pdf
- https://www.bilderbuchkiste.de/sprachfoerderung-bilderbuecher-paedagogik/
- https://www.birgit-lange.de/therapie/sprach_schrift_erwerbsstoerungen/late_talker.html
- https://www.birgit-lange.de/therapie/sprach_schrift_erwerbsstoerungen/sprachentwicklungsstoerung.html
- https://www.dbl-ev.de/logopaedie/foerderung-der-sprachentwicklung/sprachfoerderung-oder-sprachtherapie/
- https://www.eltern-heute.de/index.php/2019/11/20/buecher-nach-altersgruppen/
- https://www.erzieherin-ausbildung.de/praxis/fachpraktische-hilfe-fachtexte/alltagsintegrierte-sprachfoerderung-ideen-und-methoden-fuer
- https://www.erzieherin-ausbildung.de/praxis/fachpraktische-hilfe-fachtexte/sprachfoerderung-im-kindergarten-ziele-methoden-und-konzepte
- https://www.experto.de/praxistipps/kinder-lieben-lustige-sprachspiele.html
- https://www.experto.de/praxistipps/wie-sie-die-sprachfoerderung-bei-kleinkindern-in-den-alltag-integrieren.html
- https://www.familienhandbuch.de/babys-kinder/bildungsbereiche/sprache/KindlicherSpracherwerbinmehrsprachigenFamilien.php
- https://www.herder.de/kk/praxisimpulse/spiele/sprachspiele/
- https://www.kinderaerzte-im-netz.de/news-archiv/meldung/article/spracherwerb-mehrsprachig-aufwachsende-kinder-brauchen-laenger-denn-sie-lernen-mehr/
- https://www.kindergesundheit-info.de/themen/entwicklung/entwicklungsschritte/sprachentwicklung/spracherwerb-bedeutung/
- https://www.kitapoint.de/kindergarten/sprache/frau-zunge/
- https://www.kita.de/wissen/wahrnehmungsspiele/
- https://migration.bildung-rp.de/fileadmin/user_upload/migration.bildung-rp.de/Sprachspiele_Gesamt.pdf
- https://www.netmoms.de/magazin/kinder/sprachstoerung/sprachentwicklungsstoerung/
- https://www.paradisi.de/kind/sprachspiele/
- https://www.phase-6.de/magazin/rubriken/fakten-der-sprache/spracherwerb-wie-lernen-kinder-sprechen/
- https://www.praxis-jugendarbeit.de/spielesammlung/wortspiele-sprachspiele.html
- https://www.pro-kita.com/kreative-bildungsarbeit/phonetik-sprachfoerderung/
- https://www.pro-kita.com/kreative-bildungsarbeit/sprachfoerderung-im-alltag/

- https://www.sprach-foerderung.com/sprachforderung-spiele/
- https://www.sprach-foerderung.com/sprachspiele-im-freien/
- https://www.sprach-foerderung.com/wortschatzerweiterung-spielerisch/
- https://www.tollabea.de/9-lustige-sprachspiele-fuer-reisen-und-ausfluege-oder-einfach-auch-nur-langeweile-zu-hause/
- https://www.martina-rüter.de/training-pcsoftware/kinder-foerdern_spiele/einfache-sprach-und-wortspiele-fuer-besseres-lesen-schreiben-und-verstehen/
- https://www.martina-rüter.de/training-pcsoftware/kinder-foerdern_spiele/10-lustige-sprachspiel-zur-foerderung-des-sprachverstaendnisses/
- https://www.zungenbrecher.org/

(Alle Links am 28.03.2022 aufgerufen)

Wir danken Ihnen für Ihr Interesse und Ihr Vertrauen. Als Dankeschön dafür, haben wir eine besondere Überraschung. Wir haben **wertvolle Tipps, wie Sie Ihr Kind beim Sprechen Lernen unterstützen**. Und diese erhalten Sie vollkommen kostenlos. Das klingt wunderbar? Dann warten Sie nicht lange und holen Sie sich Ihr Gratis-Geschenk.

Hier geht es zu Ihrem Gratis-Geschenk:

https://forms.gle/duK7HZfhRmQJX9Pr9

1. **Öffnen Sie die Kamera-App auf Ihrem Smartphone und richten Sie die Kamera auf den QR-Code.**
2. **Klicken Sie auf den Link, der Ihnen angezeigt wird und schon werden Sie zur Website weitergeleitet.**

Impressum

Herausgeber: Pegoa Global Media GmbH / Am Sandtorkai 27 / 20457 Hamburg
Kontakt: kontakt@pegoamedia.de
Coverbild: Shutterstock

Haftungsausschluss:
Die Nutzung dieses Buches und die Umsetzung der enthaltenen Informationen, Anleitungen und Strategien erfolgt auf eigenes Risiko. Der Autor kann für etwaige Schäden jeglicher Art aus keinem Rechtsgrund eine Haftung übernehmen. Haftungsansprüche gegen den Autor für Schäden materieller oder ideeller Art, die durch die Nutzung oder Nichtnutzung der Informationen bzw. durch die Nutzung fehlerhafter und/oder unvollständiger Informationen verursacht wurden, sind grundsätzlich ausgeschlossen. Rechts- und Schadenersatzansprüche sind daher ausgeschlossen. Dieses Werk wurde sorgfältig erarbeitet und niedergeschrieben. Der Autor übernimmt jedoch keinerlei Gewähr für die Aktualität, Vollständigkeit und Qualität der Informationen. Druckfehler und Falschinformationen können nicht vollständig ausgeschlossen werden. Es kann keine juristische Verantwortung sowie Haftung in irgendeiner Form für fehlerhafte Angaben vom Autor übernommen werden. Die bereitgestellten Analysen, Vorschläge, Ideen, Meinungen, Kommentare und Texte sind ausschließlich zur Information bestimmt und können ein individuelles Beratungsgespräch nicht ersetzen. Alle Informationen dieses Buches entsprechen dem Kenntnisstand zum Zeitpunkt des Verfassens dieses Buches. Eine Haftung für mittelbare und unmittelbare Folgen aus den Informationen dieses Buches ist somit ausgeschlossen.
Informieren Sie sich weitläufig aus unterschiedlichen Quellen und bedenken Sie, dass am Ende nur Sie für die Entscheidungen verantwortlich sind.

Haftung für externe Links:
Unser Angebot enthält Links zu externen Websites Dritter, auf deren Inhalte wir keinen Einfluss haben. Deshalb können wir für diese fremden Inhalte auch keine Gewähr übernehmen. Für die Inhalte der verlinkten Seiten ist stets der jeweilige Anbieter oder Betreiber der Seiten verantwortlich. Die verlinkten Seiten wurden zum Zeitpunkt der Verlinkung auf mögliche Rechtsverstöße überprüft. Rechtswidrige Inhalte waren zum Zeit-punkt der Verlinkung nicht erkennbar.